インクルーシブ保育っていいね

一人ひとりが大切にされる保育をめざして

編著
小山 望・太田俊己
加藤和成・河合高鋭

福村出版

[JCOPY] 〈(社)出版者著作権管理機構 委託出版物〉
本書の無断複写は著作権法上での例外を除き禁じられています。複写される場合は、そのつど事前に、(社)出版者著作権管理機構(電話 03-3513-6969、FAX 03-3513-6979、e-mail: info@jcopy.or.jp)の許諾を得てください。

はじめに

　葛飾こどもの園幼稚園が障がい児を受け入れたのは，1966（昭和41）年，今年（2013〔平成25〕年）で47年になります。東京都内でもかなり早期から障がい児保育に取り組んできた幼稚園です。本園は東京下町の葛飾区，京成立石駅から徒歩で15分の地にあります。立石は下町ならではの活気あふれる声が聞こえる商店街があり，数多い町工場からはトントンという機械音が聞こえてくるなど，働く人の気配が強く感じられる町です。

　筆者と本園との出会いは，1980年代の前半，加藤惟一初代園長と青山学院大学の文学部教育学科の同窓会でお会いしたのがきっかけでした。加藤先生は，幼稚園で障がい児保育を実践していて，障がい児の個別指導ができる非常勤講師を探しておられ，筆者に声をかけてくれました。その当時の筆者は，筑波大学大学院の院生で障がい児心理学を専攻していたので研究上の関心もあり，ふたつ返事で本園の非常勤スタッフとして毎週1回本園にうかがうことになりました。

　あれから30年近い年月が経ちました。その間，編者の太田俊己（植草学園大学），野口幸弘氏（西南学院大学）や大塚玲氏（静岡大学）と筑波大学の院生が次々と，障がい児の指導というかたちで非常勤スタッフとして本園とかかわっています。障がい児と健常児の統合保育の実践のなかで，どのように保育をするべきかと試行錯誤で悩みつつ，その研究内容を，日本保育学会で毎年のように研究発表しています。

　本園の特徴は，子ども一人ひとりの様子についてたんねんに保育者同士で話し合う保育カンファランスが充実していることです。時には夜8時を過ぎるまで納得がいくまで意見を交換し，話し合いを続けている熱心な姿勢にはとても驚きます。加藤惟一初代園長は「障がい児を受け入れたことが，幼稚園の全体の保育活動や生活を見直すことにつながり，それが結局は子ども一人ひとりと丁寧にかかわるきっかけになり，保育者自身も多

様な子どもに対して自分たちの保育の活動を見直し，保育の世界を広げる視点をもつようになった」と述べていますが，それが今日のインクルーシブ保育の実践につながっていく道のりになったと思います。

現在，障がい児を受け入れて統合保育をしている幼稚園や保育所は数多くみられます。しかし，「障がい児の対応が難しい」「障がい児に手をとられてしまって，障がいのない子どもの保育を十分にできない」「障がいのない子どもの活動にどう合わせるか難しい」という保育者の声をよく耳にします。

障がい児と健常児（障がいのない幼児）がともに育つ統合保育のよさを認めつつも，統合保育はマイナスの点があることを保育者が感じているのはなぜでしょうか。それはあくまでも健常児の保育活動や生活が中心であることが前提になっていて，その生活に障がい児を入れよう，あるいは合わせようと思っているからではないでしょうか。子どもたちに障がいがある・ないが先にあるのではありません。たしかに自閉症という障がいがあれば，それに配慮した保育をしなければなりません。しかし，障がいがあろうがなかろうが，どの子どもも１人の人間として尊重した保育活動をするのは，当然のことではないでしょうか。

本園のインクルーシブ保育は完成された姿ではありませんが，子ども一人ひとりに応じた保育活動をつねに心がけてきた保育実践の歴史があります。統合保育が難しい，うまくいかないと感じておられる保育者や園長には，自分たちの保育の姿や活動を考え直すきっかけとなるように，ぜひ本書を読んで参考にしてほしいと思います。また私自身も障がい児の個別指導にかかわった経験から，個別指導という方法が仲間との遊びを通じて学ぶ幼児の生活から考えれば正しかったのか，疑問を感じています。その意味で，幼児の生活を大切にする保育者の方から多くのことを学びました。個別指導についてもすべて否定するわけではありませんが，子どもは居心地のいい仲間集団のなかで学ぶことが大切であると感じました。

保育者の力はすごいと思います。本書は，本園の園長の加藤和成と太

◆ はじめに

田俊己と河合高鋭（和泉短期大学）と筆者の4人で編集作業を行いました。河合は新進気鋭の障がい児保育の研究者です。本書の文章表現や内容に疑問がありましたら，それは編者一同の責任です。

　福村出版の編集部の方々には大変お世話になりました。ありがとうございました。読者のみなさまには，本書を読んで叱咤激励をいただければ幸いです。

2013年3月吉日
編者を代表して　小山　望

もくじ

はじめに（3）

1章 インクルージョンとは———————11

1節 障がい児保育とその問題………………12
どの幼稚園・保育所にも障がいのある子が？（12）
「障がい」と保育上の支援の必要性（13）
障がい児保育の今と問題（14）
実際の保育の場では（15）

2節 統合保育とインテグレーション………………17
統合保育とは（17）
統合保育の課題（18）
インクルーシブ保育との違いとは（18）
実際の保育の場では（19）

3節 ノーマライゼーションと障がいのある子の保育………………21
ノーマライゼーションとは（21）
ノーマライゼーションの日本での動き（22）
ノーマライゼーションとインクルーシブ保育（23）
実際の保育の場では（24）

4節 サラマンカ宣言………………25

5節 インクルージョン………………28

6節 インクルーシブ保育を可能にする条件………………29
保育活動や保育プログラムの工夫（29）
保育者の専門性や連携（30）
異年齢クラス（31）
クラスの仲間集団づくり（32）
多様な保育形態（33）

7節 インクルーシブ保育の進行状態………………34

◆ もくじ

2章　インクルーシブ保育の実践例 ——— 37

- 事例1　人とかかわることが苦手な子ども……………………………38
- 事例2　クラス活動に参加しようとしない子ども……………………45
- 事例3　一人遊びが好きな子ども………………………………………53
- 事例4　保護者と園全体で取り組んだ，子どもへのかかわり………57
- 事例5　クラスの子ども同士の変化……………………………………62
- 事例6　補装具なしで歩けない子どもの行事参加……………………68

3章　こんなときどうする？ Q&A
——ともに理解していくために—— 75

- 事例1　保育者の柔軟性が問われる事例（多動で，絶えず動き回る子の場合）…76
- 事例2　みんなとは違う遊びだっていいじゃないか
（数字や文字など興味に片寄りが強い子の場合）………………………79
- 事例3　"その子"に合わせた遊びと場をつくる
（自分から遊びや友だちのなかへ入っていかない子の場合）…………81
- 事例4　食べる意欲は仲間との生活から
（「食べる」経験が乏しかったが，食べられるようになった子の場合）……83
- 事例5　クラスにその子の"居場所"をつくる
（友だちに興味を示さず，自分1人で遊ぶ子の場合）…………………86
- 事例6　1人の子からも始まる子ども同士のかかわりの広がり
（気持ちを感じとりにくい子の場合）……………………………………89
- 事例7　"そのままの姿"を受けとめるために
（母親と一緒に考えていく場をつくる）…………………………………93
- 事例8　子ども同士の気持ちを伝え合う
（一方的な子の友だちとのかかわり）……………………………………95
- 事例9　生きた経験から学んでいく保育の力
（自分の気持ちを，瞬間的に行動で表す子）……………………………97

4章　障がい児保育からインクルーシブ保育への道のり
　　──葛飾こどもの園幼稚園の歩んだ過程────── 101

- 1節　園の保育の始まり……………………………………………………102
- 2節　障がい幼児の受け入れ………………………………………………103
  - 障がいのある親子とのはじめての出会い（103）
  - 障がい幼児の続けての入園と専任保育者探し（104）
  - 初期の教材探しと方法の模索（104）
  - 障がいのある子も落ち着ける環境を（105）
- 3節　障がい児保育への積極的な試み……………………………………107
  - 個別指導の開始（107）
  - 障がいのある子への新たなグループ活動（108）
  - 障がいの専門的指導ができる講師陣の参加（108）
  - 教育相談開始（109）
  - 個別プログラムづくり（109）
  - 運動会での配慮（112）
  - 軽度の障がいのある子のグループ指導（114）
  - 身振りサインを始める（114）
- 4節　「誰もが一緒」の保育への発展をめざして………………………115
  - つぼみクラスの解体（115）
  - 誰もが遊べるコーナー活動（118）

Column
- 仲間が増えて──保育者の回想から（107）
- 「つぼみクラス」等の誕生──当時の記録から（110）
- つぼみクラスだったY君とクラスでの姿──当時の記録から（112）
- 統合保育の研究──当時の研究報告から（116）
- 1993（平成5）年個別指導から個性重視の保育へ（統合保育における問題と可能性）
  　──研究報告から（118）

◆もくじ

5章　インクルーシブ保育をどう進めるとよいだろうか
──葛飾こどもの園幼稚園が大切にしていること── **121**

1節　園のプロフィール……………………………………………122
園児・教職員・園舎と園庭（122）
1日の保育の流れ（124）
保育活動などの概要（125）

2節　さまざまな集団で大切にしていること……………………128
異年齢クラスでの真のねらい（128）
小グループでのクラス活動（129）
年齢別の活動（129）

3節　本園で重視する「コーナー活動」……………………………130
コーナー活動とは（131）
障がいのある子が参加しやすいコーナー活動（131）

4節　保護者との連携………………………………………………135
入園前に必要なこと（135）
みえにくい成長をともに喜ぶ（136）
保護者同士の助け合う"輪"をつくる（137）
めざすべきものを共有する（138）

5節　年間の体験活動をとおして仲間となる……………………139
日常の保育のなかで（139）
体験活動──子どもは"非日常"を探検する（140）
動物とのふれあいをとおして（142）
楽しんで参加するボランティアとともに（143）

6節　卒園した子どもたちとともに………………………………144
心地よい居場所づくりの実践「たんぽぽの部屋」（144）
ハイキングやキャンプで（145）
教会と幼稚園の関係（145）

Report　保護者のまなざし──息子の3年間を振り返って（147）

6章　インクルーシブ保育を深めるために ── 155

1節　保育者の専門性を見直す …………………………………… 156
保育のあり方を考える（156）
インクルーシブ保育の目的（156）
今なぜ，インクルーシブ保育なのか（157）
保育をあらためて見直していくポイント（158）
"しっかりとかかわり知る"ことから始まる（163）
一人ひとりを覚え，保育がつくられていく（164）
子どもとつくっていく保育を考える（165）

2節　保育者間の連携と協力 ……………………………………… 168
めざす思いを1つにする（168）
1日を終えて自分自身を振り返る（169）
保護者の思いを受け取って共有する（171）
園全体でのコミュニケーション（171）

3節　主任，管理者の役割 ………………………………………… 172
状況に合わせた柔軟性のある保育のために（172）
1人と向き合うことは，保育を深めていくこと（174）
家庭を支援する（175）
補助金をもらう際の問題点（177）
医療機関，小学校との連携（179）
卒園してからの幼稚園，保育所の役割（180）
さいごに（181）

あとがき（182）

参考文献（184）

1章
インクルージョンとは

　統合保育とインクルーシブ保育の違いは，どこにあるのでしょうか。なぜ統合保育ではだめなのでしょうか。インクルーシブ保育とは何でしょうか。
　統合保育からインクルーシブ保育へのパラダイムシフトは，1994年にスペインのサラマンカ市で採択された「サラマンカ宣言」がきっかけで全世界に広がっていきました。本章では，インクルーシブ保育の理念や保育方法について考えてみます。

1 節 障がい児保育とその問題

「障がい児保育」は，保育現場でときどき耳にする用語です。一方，本書の「インクルーシブ保育」はまだ聞いたことのない人もいると思います。どちらも「障がいのある子どもも含んでの保育」という側面がある点では違いがありません。しかし，実際には，ずいぶん違う意味・内容の両者です。「障がい児保育」の現状と限界をみていきましょう。

◎ どの幼稚園・保育所にも障がいのある子が？

国際的には，障がい者人口はおおむね10％といわれています。100人子どもがいれば，10人には何らかの障がいがあるということですから，これは感覚的にとても多い数字といえます。

この数字からは，全国の幼稚園・保育所は，かなりの数の障がいのある子どもたちを受け入れているはずということになります。つまり，どの幼稚園・保育所でも，必ず何人かは障がい幼児が在籍している計算になります。

しかし，実際には「うちの園には障がい児はいません」という幼稚園や「障がい児保育対象の子はいません」という保育所もあります。なぜでしょうか。これは，入園の際に子どもを選抜するという面もありますが，根本的な理由は，幼稚園・保育所によって「障がい」のとらえ方や「障がい児保育」対象の子が違っているためです。また，幼稚園・保育所にかぎらず，じつは先の10％の国際的「障がい」と日本の「障がい」対象枠が，事実上違っているためでもあります。日本の障がい者人口は6％とされています。この4％の差にみられるように，日本の「障がい」標準は，国際的な「障がい」標準の対象枠とくい違っているという実態があります。

この「障がい」のとらえ方の違いが，幼稚園や保育所での「障がい児」や周辺の子どもへの見方，そして障がいのある子も含む保育のあり方にも

影響を与えています。

◯「障がい」と保育上の支援の必要性

　日本では，視力や聴力が低い，身体に不自由がある，知能や発育に遅れが目立つなど，「障がい」をその子のもつ抜き差しならない状態とする見方が一般的です。一方，何か特有の支援が必要であれば，支援を要する状況＝「障がい」（要支援）とする考え方もあります。国際的な障がい観はこれに近いと思います。

　国際的な見方では，特有の支援があったほうがよければ「障がい」として，必要な支援をしていきます。よりよい支援をつくり出すための目印が「障がい」で，そんなに支援が要らないなら「障がい」としません。

　日本では，個々人に結び付いた，変わりにくい特徴を「障がい」とみる傾向があります。状況や支援の必要性にかかわりなく，その人に「障がい」があるかないかをみる，1かゼロの障がい観です。固定的に，障がいを個人の特徴とみる見方です。

　しかし，「障がい児」かどうかはっきりしないものの，よくみると，日常のなかでうまくできない生活上のつまずきがあり，そのため，実際の保育場面では，その子への配慮や支援を行っているケースも少なくありません。既成概念の「障がい」かどうかはわからなくとも，「支援が必要」で，実際には「支援している」子どもは少なくないのです。

　逆の例もあります。専門家からはっきりとわかる「障がい」の状態の子がいても，保育者の工夫で，問題なく楽しく幼稚園・保育所の生活を送っているケースもあります。既成概念のうえでは「障がい児」ですが，園や保育者の方々の工夫と努力，またほかの子どもたちとのかかわりで，保育や生活上にはまったくといってよいほど「支障がない」子どもにみえる場合もあるのです。「障がい」はあっても，支援の工夫で，実際の困難さはなくなる例です。

　固定的に「障がい」をみることには問題があります。既成概念の「障が

い」よりも，「保育や生活上の支援の必要性（支援ニーズ）」をみて，子どもの困難性を解消していく保育をめざす必要がありそうです。

◆ 障がい児保育の今と問題

　保育所で障がい児と診断された幼児を受け入れると，ある割合のもとに保育者（保育士など）を加配する（たとえば，4人の障がい児に対して1人の保育士を加配する）制度があります。これを「障がい児保育」とみなすことがあります。また，幼稚園に障がい児が入園すると補助金を支給する制度もあります。これを利用した保育も「障がい児保育」ということがあります。また，障がい児たちが，通所施設などに通って，専門的な療育・保育を受けることを「障がい児保育」ということもあります。このような制度も含め，さまざまな意味で「障がい児保育」が使われている現状があります。

　ここでの問題点は，前述したように，診断等がある「障がい児」と診断は受けていませんが，支援がむしろいる子どもたちが同じ場にいるなど，補助制度との矛盾があることです。一方，保育現場には「障がい」をどう理解し，受けとめ，保育すべきかわからない，障がいのない子どもの集団のなかでどのように育ち合いを求めてよいのかわからないなど，別の保育上の問題も多くあります。これらが「障がい児保育」の問題です。

　一方，「障がい児保育」の限界，それは，子ども同士の育ち合いをめざしにくい，既成概念の「障がい」や制度の「障がい」にとらわれた保育や対応に陥りやすいことでしょう。また，区別した保育，同情を招く保育になりやすいこともあります。障がいのあるなしで保育の目的や目標を変えたり，保護者や家族に対して「障がい」の有無で異なった対応したりする問題もあります。

　制度上の「障がい児保育」は現にあり，子どもや家族にとってよい点もあります。しかし，固定的な「障がい」の見方にとらわれた保育に陥りやすい現実の問題や限界について理解する必要があります。

◆ 実際の保育の場では

障がい児保育では，何に困り，話題になるのでしょうか。以下の例1は，筆者（河合）がある幼稚園で経験したことです。

例1　障がい児保育についての保育者とのやりとり
　筆　者：その子どもさんについて聞きたいことはありますか。たとえば就学についてや，その子の今後の見通しなど。
〈初期〉
保育者：聞きたいことはとくにありません。
〈1カ月後〉
保育者：受け身的です。行動がゆっくりで気になります。がんこなところがあります。不器用さが目立ちます。歩行が気になります。コミュニケーション（言語）が気になります。
〈6カ月後〉
　筆　者：集団での過ごし方はどのようですか。クラス内での対応をどのようにしますか。クラス全体として何ができるでしょうか。
保育者：障がいを理解をしてみたいです。具体的なかかわり方を考えてみたいです。

　例1のように，当初は，筆者にその子や保育の何を聞いていいのかわからなかったようです。問いかけに，「とくにありません」という答えが多く聞かれました。その後，年長クラスで就学について気になる子がいるという話が出ました。その子の様子の聞き取りを丁寧に行ったところ，「特別なかかわり」が必要ということになりました。

　1カ月後には，子どもの特徴についての質問がいくつも出ました。筆者が特徴の背景や障がいとの関連について答えたところ，この子の示す行動のいくつかは，障がいによるものと理解する様子が保育者の方々からうかがうことができました。保育者自ら子どもの様子をよくみて，その子の行動の意味や障がいのための困難性，そしてクラスでできる支援についても

考え，意見をもつようになっていきました。

　半年後には，クラスでその子と一緒にできる取り組み，クラスでその子に支援できること，保育者のすべき見守り，その子の困った行動の意味理解，トラブルへの子ども同士の解決方法など，保育者自ら見方を深め，子ども同士やクラスでできる取り組みを保育者自身で見出す試みが生まれ始めました。子どもをよくみて保育展開を変えるなど，保育の専門性からのアプローチが生まれ始めたといえます。

　次の例2は，その際に，筆者が試みた保育者の「よいかかわり」探しです。ミーティングでのこの試みも，子どもの理解を深めました。

　例2　保育者のよいかかわり探し
・全体に声かけをして理解が深まらない子に，個別的に声をかける。
・気になる子を視野に入れるようにし，その子の不安が薄れるように目を配る。
・小声で話す，静かになるまで待つなど，全体への声かけに配慮する。
・帰りの集まりで，子どもとともに1日の振り返りをする（子どものよいこと探しなど）。
・具体的でわかりやすい声かけをする（「お尻を床に足を先生に」など）。
・服をたたむなど，生活の事柄を全員でやってみる（苦手な子どもも含めて，子どもたち皆が楽しんでできるように）。
・行動の前に約束，事前の声かけ，そして確認を行う。
・白線を活かして順番待ちをする（柔軟に環境を利用する）。
・自分から気づくための時間をとる（間をもたせる支援）。
・よい動きの子どもをモデルにしたり，大人がモデルになったりする。
・クラス全体をみる。
・ジェスチャーをつけて話をする。
・将来的な視点から子どもについて語り合う。
・ピアノ（サインミュージック）をタイミングよく使う。

・子ども一人ひとりへの対応が早い（保育者のチームワーク）。

その子の「障がい」ばかり固定的にみず，クラスの集団で，またよりよい保育の観点から，よいかかわりの保育を進めることが大切です。

2節 統合保育とインテグレーション

障がいのある子どもとない子どもとを，同じ場で一緒に（統合）して保育する意味で，「統合保育」ということばがよく使われた時期がありました。同じように統合して保育・教育する意味で「インテグレーション（統合教育）」が，教育運動として唱えられた時期もあります。

ここでは「統合保育」「インテグレーション」がもつ意義や課題，そしてインクルーシブ保育・教育との違いをみていくことにします。

◯ 統合保育とは

前にあげた「障がい児保育」では，その子と障がいに目が向きがちです。そのため，「障がい児保育」では，保育者の関心はどうしても，"クラスのなかで育ち合うAちゃん，Bくん"ではなく，障がいのあるその子の成長や発達促進を第一の目標にしそうです。つまり，その子の発育の様子や「障がい」への対応に力点が置かれます。友だちとどんな体験をして充実した園生活にするかは二の次になりかねません。

「統合保育」では，障がいのある子もない子も，一緒の場でともに活動する保育をめざします。「インテグレーション」も，障がいのある子とない子を一緒の場で受け入れる教育への運動を意味します。個人の障がいとその子1人に焦点を当てがちな「障がい児保育」に対して，統合保育やインテグレーションは，障がいのある子もない子もともに活動し，体験し，育つ姿を重視する意味があります。同じ場で体験や活動をともにすることで，障がいのある子とない子とのあいだに自然な関係が育ちやすくなりま

す。その子の発育や障がいの軽減だけに焦点を当てて考えれば（つまり障がい児保育では），障がいのない子と同じ場で保育や教育をする必要はなさそうです。しかし，障がいのない子とのかかわりの意義を強調し，障がいがあることを理由に区別する保育に反対するのがこの立場です。

◯ 統合保育の課題

　統合保育やインテグレーションの課題は，はじめに障がいの有無ありきで発想し，障がいの「ある」子どもと「ない」子どもの統合を図っていく点にあります。もともと子どもは，障がいの有無にかかわらず，発達差や個人差，個性の違いなどが多様です。障がいの有無のみを前提にする必要はないはずです。また障がいとそうでない状態との境界も，幼児期にはとくにはっきりしません。障がいの状態も保育や支援で変わっていきますし，子どもに必要な支援も流動的です。同じようにとの考え方（理念）はよいとしても，ただ同じ場で保育すればよいことにはなりません。よい保育をめざすうえでは，ふさわしい方法も必要です。

　少し話はそれますが，「統合」のメリットをあげることがあります。場を統合すると，障がいのある子には自立心が育つ，障がいのない子には思いやりの心が育つメリットがある，といった具合です。障がいのある子・ない子の両方のメリットを強調したりします。結果として，そのようなよい点が確認できるとしても，それを「目的」にして一緒の保育を進めたり，統合の「効果」を求めたりするのは，本来の保育の姿ではないと思います。統合の目的は「効果・効用」を生むためといった，本末転倒の考えが入り込むことには注意すべきです。効果を求めて統合する発想自体が，子どもに失礼ではないでしょうか。

◯ インクルーシブ保育との違いとは

　統合保育は，障がいのある「特別な子どもたち」を前提にして，だから一緒の場で保育するという主張でした。一方，「インクルーシブ保育」は，

子どものもつ特徴はいろいろであること，つまり個人差や多様性をまず認めることから始めます。多様であるどの子も大切な存在として，一人ひとりが伸びやかに育つ保育，子ども同士が育ち合う保育をめざします。いろいろな子どもたちのなかには，障がいのある子，配慮や支援を必要とする子たちも含みます。個人差や個性の違いも幼児期には当然です。

　前提とする子どもの見方が違えば，実際の保育に違いも生じます。いろいろな子どもがいることを前提とした保育が，そこでは展開されます。一律の活動が子どもたちにふさわしくなければ，子どもごとに取り組みを変えていい保育になるでしょう。統合保育では，たくさんの障がいのない子たちのなかに1人とか少数の障がいのある子がいるイメージになります。ともすると，障がいのない子たちの取り組みに障がいのある子が「入れてもらう」ことになります。障がいのない子たちの取り組み優位の保育になりそうです。そこでは障がいのある子たちが，その子らしく，ともに取り組めるでしょうか。いや，不完全燃焼で受け身の毎日になりそうです。

　インクルーシブ保育では，障がいのあるその子も満足して取り組めることを前提にして，グループ編成，そこでの活動，遊び道具や教材，環境設定や保育者のかかわりなどを必ず考えるところから，保育を始めます。障がいのない子でも，発達や関心，個性，かかわりのタイプなどに違いがあります。そして障がいのある子の個性や興味もまちまちです。幅のあるどの子も満足し，充実するための保育を追究します。保育者の「障がい」や「障がいのある子」に対する見方や意識も，偏見や差別がないことはもちろん，深い子ども観に満ちたものにする必要があります。

◆ 実際の保育の場では

　障がいのある子も一緒に保育をする幼稚園で，筆者（河合）が先生方に話をうかがったことがあります。保育所に5年おられ，現在幼稚園教諭10年目の先生がその1人（以下，ベテラン先生）。もう1人は，幼稚園で4年目になる先生（以下，フレッシュ先生）です。

質問は,「障がいのある子も『クラスの一員』ですが,先生は子どもたちに何か働きかけますか？」です。答えは,以下のとおりでした。

フレッシュ先生
「子どもにとって,障がいのある・なしは関係がないと思っています。子どもにはそれぞれのペースがありますが,障がいのある子は片づけにとても時間がかかります。こだわりがあって時間がかかります。その子の動き,そしてやっていることなどを,最近は私のほうでも子どもたちに説明するようにしています。その子がしていることに対して,子どもたちが誤解してもよくないと思って,その子のしていることをみんなが『認める』ことを大切にしたいと考えています」

ベテラン先生
「子どもたちへの働きかけを,とくに意識していません。車椅子の子どもなら見てわかるので,子どもたち同士,肌で感じていると思っています。私からは,子どもたちに障がいのことは,あえて言わないようにしています。もし子ども同士のなかで何かあったときには,保育者があいだに入るようにしています。日々のなかで,何かその子を含む保育の課題がみえたら支援を行います。子どもの集団を基盤に,かかわりのなかでどうすればいいのかをつねに考えていきたいと思います。保育にはマニュアルがありません。障がいのある子どもであってもなくても,保育での基本の対応は同じと思って保育をしています」

　経験に違いはあっても,障がいのある子に対してクラスでの受けとめに気を配っていることがわかります。クラスでの対応は少し違ったようです。
　フレッシュ先生は,具体的なその子の動きや様子を保育者の目線で子どもたちに伝えます。保育者の言動は,子どもへの影響が強いものですが,子どもの目によくないと映るその子の行為も,背景や理由があることを子どもたちに伝えているようです。障がいのある子の思いを保育者が代弁し,

子どもたちがその子を「認める」ための支援をしていると思います。

　ベテラン先生は，あえて障がいについて言いません。子どもたちの理解に委ねています。しかし，漫然と放っておくのではなく，いざ課題がみえたら支援を行います。当然，障がいのある子に何もしないのではなく，その子どものときどきの様子と，そして子どもたち同士のことを総合的に判断し，全体もみて保育を進めているといえるでしょう。

　障がいのある子が入ってから取り組みを工夫する「統合」の保育の場合には，障がいの有無から活動や場を分け，不自然な保育になることがないよう，子どもたちの互いのかかわりを基盤によりよい保育へと図るべきではないかと思います。

3節　ノーマライゼーションと障がいのある子の保育

　障がいのある子を含む保育にも，強調点の移り変わりがあります。たとえば，子どもの障がいに焦点を当て，その子の発達に働きかける保育。一方，差別も区別もしないとしてじつは何もせず，障がいのある子をただ入れておく保育。障がいのある子も障がいのない子とともに育つべきとして，同じ場での同じ活動ばかり行う保育。そして幼児期にふさわしい取り組みになるよう，障がいのある子に必要な指導は必ず行おうとする保育などです。近年はとくに，障がいがあるという理由で，差別的な対応をするのはよくないとする考えが強調されています。これも背景に，本書のインクルーシブ保育にいたります。この節では，この動きの発端である「ノーマライゼーション」の考えを基本に，障がいのある子どもとの関係を考えていきます。

◆ ノーマライゼーションとは

　近年，障がいのある子どもの保育・教育，また広く障がい者福祉の理念

として,「ノーマライゼーション」があげられます。ノーマライゼーション（normalization）とは，障がいのある子ども・人々に対し，障がいのない子ども・人々と同等な機会の生活，社会的サービスを保障しようとする理念や運動をいいます。

　ノーマライゼーションが唱えられる前には，たとえば知的障がいのある人たちは，社会から分離された居住施設で生活し，特別なケアを受けることが必要で最善と考えられていました。しかし，一般社会の生活とは異なり，とても人間的とはいえない生活をしいる実態がありました。1959年，デンマークのバンク・ミケルセン（Bank Mikkelsen, N.E.）は保護者の声に動かされ，こうしたあり方の改善と，そして代わるべき支援理念である「ノーマライゼーション」を主張します。つまり，できるだけ「ノーマルな生活」への転換です。地域での当たり前の暮らしをめざす障がいのある子ども・人々の生活や支援のあり方，また学校教育や関連制度に対する改革の主張がなされていきます。

　1960年代には，スウェーデンのニィリエ（Nirge, B.）により，ノーマライゼーションの理念は，すべての障がいのある子の日常の様式や条件を「社会一般の環境や生活様式に可能なかぎり近づけること」と定義されます。つまり，障がいのある人についても当然，社会のなかで人としての尊厳と権利が尊重され，地域での多様なサポートを受けつつ，一般の人々と同等な生活を送るべきであることが強調されたのです。

◆ ノーマライゼーションの日本での動き

　日本では，障がい者福祉や障がいのある子の教育の見直しというかたちで，ノーマライゼーションは影響を与えていきました。知的障がい児のための施設の生活も見直されました。ウィークデーと週末の過ごし方，集団生活での個人のあり方，金銭の管理やプライバシーのあり方など，生活全般について一般社会生活とかけ離れていないか，各施設で検討が進められていきました。福祉の場で耳にする，上下の関係のない「利用者」といっ

た用語使いにも，この影響がみられます。

　盲・聾・養護学校は，障がいのある子どもたちを一般の学校から離すものであるという当時の批判にも，こうした運動の影響がみられます。障がいのある子どもも障がいのない子どもとともに，同じ場で教育されるべきであるというインテグレーションもこうした背景から主張されました。通常の学級に，障がいのある子どもの入級を進める動きも起きていきます。

　障がい幼児に，早期からの治療訓練や療育を勧めることについても，それが家族の生活に悪影響を及ぼす危険性があり，専門家主導による弊害があるなどの指摘もみられ始めます。一般幼児と同様な保育を要求する声として，幼稚園・保育所に障がいのある幼児も受け入れてほしい，また同等の統合の保育を求める声や，障がいの重い子も受け入れてほしいとの要求などにもこの影響は現れていきました。

◆ ノーマライゼーションとインクルーシブ保育

　近年になり，ノーマライゼーションの影響は，障がいに関係する広い分野に及んでいきます。後の「サラマンカ宣言」（1994年），「国連の障がいのある人の権利に関する条約」（2007年）など，障がいのある人々の権利擁護に関係する節目の動きには，ノーマライゼーションの理念が存在します。そして，ノーマライゼーションの理念がめざす社会の具体的なあり方の1つが，「インクルージョン（inclusion）」です。社会的インクルージョンとは，何人も排除しない社会の実現，つまり障がい，貧困，被差別，外国籍，高齢，被虐待等の境遇にあっても，誰もがよいかたちで社会参加できる社会の達成ということです。

　障がいがあることにより，個別に支援が必要なニーズへの対応も行いつつ，どの子も排除しない教育や保育を実現することは，ノーマライゼーションがめざすあり方の一部です。幼児期のその子が必要とする支援について充実を図るとともに，障がいのない子どもたちと同様に，幼児期ならではの生活も大切にする保育が「インクルーシブ保育」です。

障がいを理由に，一般からかけ離れたような保育や教育をすることを，ノーマライゼーションの理念は認めません。また，「障がいがあるから」を理由に，いつも活動も教材も子ども同士のかかわりも違ってよいという保育を，ノーマライゼーションは認めません。しかし逆に，必要な支援なしに，一律の活動ばかり，遊具の工夫も違いもなく，配慮のないスピードで進めたり，ことばのみでやりとりしたりするようでは，障がいのある子に不平等と不満足を強いる保育になってしまいます。「違い」の押しつけも「違い」の無理解・無視も，その子への尊重を欠いていて，ノーマルではないのです。真のインクルージョンでもなく，結果として，その子の排除につながります。

　一人ひとりの違いを理解し，認め，尊重し，個々への必要な支援も重視しながら，どの子も活躍できる保育がインクルーシブ保育であり，一人ひとりを尊重し大切にするノーマライゼーションの実現といえるのです。

◆ 実際の保育の場では

　ある幼稚園で，次のようなエピソードがありました。

　Y君は年中男児。年少のときと比べ，ことばの量（単語）も増えました。クラスの流れも理解し，年少の頃にあった大泣きが減っています。ことばは不明瞭ですが，一生懸命に話をする姿がみられます。友だちとのかかわりは，一方的になる傾向があります。

　ある日のことです。朝の集まりが終わり，「フルーツバスケット」が始まりました。先生からの絵カードを見て，Y君はたどたどしい発音で，「も・も」と言います。ゲームで使う絵カードの果物の名前は理解しているようです。「フルーツバスケット！」の合図で，椅子に座れないと「鬼」になるルールもわかり，鬼になると恥ずかしいとも感じているようです。必死に椅子に座ろうとする様子が見受けられます。

　ゲームが進み，とうとう最後のフルーツバスケットの回に。最後に残ったのは，Y君と私（河合）。後ろからあわてて座ろうとするY君に，まっ

たく私は気づきませんでした。思わず私が座ってしまい，残ったのはY君。「残念チャンピオン」はY君に。Y君はとても悔しかったようです。私に頭を何度もぶつけてきました。大泣きするかと心配しましたが，すぐに気持ちを切り替えられたY君。次の活動に参加できました。

ゲームの細かなルールをY君は理解していなかったようです。しかし，このクラスでは，Y君を交えて一緒にゲームで遊びます。絵カードのヒントや先生の自然な声かけで，Y君も果物の名前を言うことができ，ゲームを楽しみます。Y君は緊張したり照れたりもするのですが，こういった反応もほかの子と一緒です。みんなと一緒にゲームができる楽しさをY君は満喫しているようです。

友だちもY君を理解し，Y君も友だちと一緒の楽しさを味わっています。友だち同士のいさかいやぶつかり合いもありますが，それも同じ友だち同士のことと，先生は温かく見守っているようです。障がいからくる困難さがY君にはあります。しかし，園のなかで先生たちは，さりげなくサポートしてY君を支え，障がいによる不便さを感じさせない保育に取り組んでいます。必要な支援もして，障がいによる不公平がないよう，ノーマライゼーションを実践する例だと思いました。

4節 サラマンカ宣言

インクルージョン，インクルーシブ教育・保育の理念が浸透したのはいつからでしょうか。

1994年6月，スペインのサラマンカ市でユネスコ（UNESCO：国連教育科学文化機関）とスペイン政府が開催した「特別ニーズ教育に関する世界会議」で採択された「サラマンカ声明」は，インクルーシブ教育のアプローチを推進するための世界各国の基本的政策の転換を検討するきっかけになりました。

この声明は，インクルージョンの原則，「万人のための学校（Education

for All：EFA）」——すべての人を含み，個人主義を尊重し，学習を支援し，個別のニーズに対応するための施設に向けた活動の必要性の認識を表明しています。

　以下，その一部を紹介します。

①すべての子どもは誰であれ，教育を受ける基本的権利をもち，また受容できる学習レベルに到達し，かつ維持する機会が与えられなければならない。

　すべての子どもは，ユニークな特性，関心，能力および学習のニーズをもっており，教育システムはきわめて多様なこうした特性やニーズを考慮に入れて計画・立案され，教育計画が実施されなければならない。

　特別な教育的ニーズをもつ子どもたちは，彼らのニーズに合う児童中心の教育学の枠内で調整する，通常の学校にアクセスしなければならず，このインクルーシブ志向をもつ通常の学校こそ，差別的態度と戦い，すべての人を喜んで受け入れる地域社会をつくりあげ，インクルーシブ社会をつくりあげ，万人のための教育を達成するもっとも効果的な手段であり，さらにそれらは，大多数の子どもたちに効果的な教育を提供し，全教育システムの効率を高め，ついには費用対効果の高いものにする。

②我々はすべての政府に対して以下を要求し，勧告する。

　個人差もしくは個別の困難さがあろうとも，すべての子どもたちを含めることを可能にする教育システムを改善することに高度の政治的・予算的優先を与えること。

　別のように行うといった競合する理由がない限り，通常の学校内にすべての子どもたちを受け入れるというインクルーシブ教育の原則を法的問題，政治的問題として取り上げること。

　デモンストレーション・プロジェクトを開発し，またインクルー

シブ教育に関して経験をもっている国々との情報交換を奨励すること，特別な教育ニーズをもつ児童・成人に対する教育設備を計画・立案し，モニターし，評価するための地方分権化された参加型の機構を確立すること。

特別な教育的ニーズに対する準備に関する計画立案や決定過程に障がいのある人々の両親，地域社会，団体の参加を奨励し，促進すること。

インクルーシブ教育の職業的側面におけると同じく，早期認定や教育的働きかけの方略に，より大きな努力を傾注すること。

システムをかえる際に，就任前や就任後の研修を含め，インクルーシブ校内における特別教育ニーズ教育の準備を取り行うことを保証すること。

ユネスコの意図する教育は，障がいのある・ないで，子どもを分けるのではなく，すべての子どもたちにとって効果的な学校をめざして，すべての子どもたちが一緒に学ぶべきであるとしていることです。そのために多様な子どもの教育ニーズを認識し，それぞれに異なる学習スタイルや速度に合わせることや教育課程の適切な編成，組織編成，授業方針などの改革が必要であると指摘しています。

この声明の後，セネガル共和国のダカールで2000年4月に開催された世界教育会議でも，以下の点が指摘されました。

インクルージョンの概念としてEFA（万人のための学校）の視点が各国政府や資金供給機関の政策に幅広く影響を及ぼすことを確実にすることが挑戦の鍵となります。EFAは未成年労働者，辺境地域に住んでいる人や遊牧民，民族的・言語的マイノリティなど，貧困でしかももっとも不利な立場における人のニーズを考慮に入れなければなりません。また紛争やエイズや飢餓や不衛生に苦しむ人々のほか，子どもから成人にいたるまでの特別な学習ニーズにある人も同様に考慮に入れなければなりません（サラ

マンカ宣言)。

　このサラマンカ宣言により，世界各国にインクルージョン，インクルーシブ教育の理念や教育実践が浸透していったと思われます。インクルーシブ教育の理念は当然，幼児期の統合保育にも影響を与え，「統合保育」から「インクルーシブ保育」を志向する流れになりました。また日本政府も 2007 年に署名した障がい者権利条約では，インクルージョンを差別撤廃・人権保障のための基本的理念の 1 つにあげ，第 24 条の教育についてもインクルーシブ教育の原則を採用しています。しかし，2011 年現在，まだ日本政府は国内法や施策の未整備を理由に批准にはいたっていません。批准した国は EU やオーストラリア，カナダなど 108 カ国です。

5節　インクルージョン

　インクルージョンとは，エクスクルージョンの反対の概念です。
　エクスクルージョンとは排斥です。インクルージョンとは，排斥せず，どの人も受け入れるという意味です。ソーシャル・インクルージョン（社会的包括）は共生社会という意味で，排斥を受けるリスクの高い集団，子ども，女性，高齢者，障がい者，慢性疾患のある者といった社会的弱者の社会的排斥の解消と機会均等の保障に向けた取り組みをさしています（エリクソン，2007）。

　ユネスコは 1994 年に「サラマンカ声明」で EFA（Education for All：すべての人の学校）を提唱しました。その背景には，世界には 1 億 1300 万人の学齢期の子どもが学校に通っていないということや，彼らの 90％は低所得層，あるいは中流以下の所得の国に居住しており，そのうち 8000 万人はアフリカに居住しているという現実があります。また排斥されたさまざまな施設で，専門的な知識をもつ教育者によって「分離された環境で実施されていること」が問題であり，さまざまなニーズのある子どもたちを通常の学校から「分離された環境」に追いやり，その後，成人に

なってもからも一般的に地域共同社会における社会的・文化的生活の外側に追いやっているとユネスコは指摘しています。

　幼児期に障がいのある子どもと障がいのない子どもが，ともに育ち合いながら生活を送って仲間意識を育てることは，その後の人間形成のうえで重要な意味をもちます。障がいのある子どもと障がいのない子どもが互いに影響し合うことは，共生社会の実現に向けて豊かな感情をもつ国民の意識を醸成する基礎となると思われます。

6節　インクルーシブ保育を可能にする条件

　インクルーシブ保育を行う前提として，子ども一人ひとりの保育ニーズに対応することが求められます。そのことを幼稚園や保育所でどう具体的に保育活動で実現していくかでしょう。ここで次に取り上げた「保育活動や保育プログラムの工夫」「保育者の専門性や連携」「異年齢クラス」「クラス仲間集団づくり」などについて考えてみます。

◆ 保育活動や保育プログラムの工夫

　前にも述べましたが，障がいのある幼児と障がいのない幼児をただ一緒に保育しただけでは，インクルーシブ保育にはなりません。生活をともにするだけでは，自然に相互作用が生まれることは少ないと多くの研究者が指摘しています。

　インクルーシブ保育とは，すべての子どもが尊重され，それぞれの保育ニーズが満たされた保育です。今までが障がいのない子どもを中心にした保育活動や保育プログラムであれば，障がいのある子どもが参加できる保育活動や彼らが興味関心のある保育プログラムを取り入れて，保育活動や保育プログラムは変更しなければなりません。

　葛飾こどもの園幼稚園では，「コーナー活動」でどの子どもも興味・関

心をもてる柔軟性のある保育活動を行っています。コーナー活動のよさは，いろいろなコーナー活動が用意されており，子どもたちが自分で選んで参加できることです。障がいのある子どもが子どもたちの集団に入りやすくするため，障がいのある子どものコーナー活動もあり，そこではグループの人数に応じて数名の保育者がつき，個々の子どもの保育ニーズを受け取りながら保育者が丁寧に対応しています。一方で，障がいのある子どもも園庭での遊びに関心があれば，そこに参加してもよく，たとえば砂場遊びコーナーでは，砂場遊びに関心のある障がいのある子どもと障がいのない子どもが保育者の見守るなかで一緒に遊ぶ姿も見られます。障がいがあろうがなかろうが，ともに関心ある遊びを一緒に行うことで，仲間意識が育つのです（「コーナー活動」の詳細については5章参照）。

　またクラス活動での保育プログラムも障がいのない子ども中心であると，障がいのある子どもはクラス活動に入ることはできません。障がいのある子どもを無理やりクラス活動に参加させようとすると，いやがってクラスを飛び出そうとします。さらに体を抑え込んでクラスにとどめようとすると奇声をあげ，パニック行動を起こすことも考えられます。このとき奇声をあげてクラス活動に入ろうとしない障がいのある子どもが悪いと考えがちですが，インクルーシブ保育では，障がいのある子どもにも配慮した保育プログラムが求められます。障がいのある子どもも関心をもって参加できるクラス活動を考えてみましょう。それには普段から障がいのある子どもの行動や遊びを観察しておくことが必要です。遊びを通じてクラスの仲間との仲間意識が育つと，障がいのある子どももクラスに居場所ができて，一緒に仲間とクラス活動をしたがるようになる（小山，2011）とあるように，クラス活動に参加させることは，順を追って無理なく参加できるように保育者が柔軟に対応すべきです。

◆ 保育者の専門性や連携

　インクルーシブ保育では障がいのある幼児がいることは自然の姿ですが，

保育者にとってはどう対応したらいいのか悩む存在として映ります。

　保育者は，障がいのある幼児についての専門知識，対応などを研修会などで学ぶことは必要ですが，障がいのある幼児の行動観察を通じ，どんなことに関心があり，どんな遊びが好きなのかを理解することが可能です。そして，観察で理解した子どもの好きな遊びを保育者は一緒に行いながら，信頼関係をつくっていきます。障がいのある幼児と多くかかわったベテランの保育者は，障がいのある幼児との信頼関係をつくりながら，遊びを通じて，障がいのある幼児と障がいのない幼児との相互作用を形成していきます。障がいのある幼児が幼稚園や保育所にくることが楽しくなるようなクラスの雰囲気をつくっていきます。それは結局，どの子どもにとっても居心地がいいクラスになるのです。

　またクラス担任は，障がいのある幼児の担当保育者と密接に連携を取り合い，こまめに情報交換をしておく必要があります。クラス担任は障がいのある幼児の担当保育者任せにせずに，自ら障がいのある幼児とかかわって信頼関係をつくり，クラス活動で障がいのある幼児が積極的に参加できるような関心のある活動を考えて行うようにすることが必要です。クラス担任が障がいのある幼児とかかわり，障がいのある幼児を認める発言をしていくことで，クラスの子どもたちも障がいのある幼児を否定せずに，関心をもってかかわるようになります。クラス担任が障がいのある幼児とかかわっているあいだは，障がいのある幼児の担当保育者はほかの子どもたちの保育を行うなど，両者は柔軟にクラスの活動の運営について連携をとって話し合っていくことが必要です。

◆ **異年齢クラス**

　葛飾こどもの園幼稚園では，3歳，4歳，5歳の異年齢でクラス編成がなされています。縦割りクラスや異年齢保育とよばれます。年齢別保育がほとんどの幼稚園・保育所では行われていますが，同一年齢クラスに障がいのある幼児が入ると，多くの同年齢の障がいのない幼児の活動を中心

にしたクラス活動に合わせることになり，発達上の差が大きく出てしまうことになります。3歳，4歳，5歳という年齢差のあるクラス編成では，個々の子どもの違いを前提にした保育活動，クラス活動になり，個々の子どもに応じた保育をしようと考えることになります。インクルーシブ保育は異年齢クラスでなければ，できないというわけではありません。年齢別活動を行う場面では，障がいのある幼児に配慮した保育活動を考える必要があります。障がいのある幼児が異年齢で活動する，遊ぶことができるような工夫も必要です。

◯ クラスの仲間集団づくり

渡部（2001）は，訪れた保育所で5歳の自閉症児の太郎君が子どもたちのなかでとても上手に踊っている姿を見て驚いた経験をもとに考察しています。この太郎君の「太鼓踊り」を取り上げて，障がい児は保育者から1対1で踊りの指導を受けるよりも，子どもの集団のなかで太鼓踊りを学ぶことのほうが，太郎君にとって心地よい学びになっているのではなかろうかと説明しています。大事なことは，子ども同士のよいコミュニケーションが成立している共同体のなかでしか学ぶことができない「状況に埋め込まれた学習」があるということです。この渡部の指摘した「状況に埋め込まれた学習」の考え方では，障がいのある幼児がクラスの仲間との関係ができて，居心地がよいグループになっていることが，クラス活動をともにしたい，一緒に行動したいという動機づけになっているということです。これは筆者の研究（2011）でもまったく同じ結果で，ある自閉症の子どもは，運動会やスケート教室，クリスマスページェントなどの年長児のクラス活動を見事にやってのけました。

障がいのある子もない子も互いに活動するためには，仲間意識が育っていることが大切です。インクルーシブ保育では，障がいのある子とない子の仲間意識を育てることが目標になります。

◆ 多様な保育形態

葛飾こどもの園幼稚園では，多様な保育形態をとっています。これは幼稚園の保育が，一人ひとりの子どもたちを大切にするためであり，どの子どもにも合う保育とは，いろいろな保育ニーズに対応した保育活動が必要だと考えているからです。

①障がいのある子どものグループ活動

自由遊びの時間に行われる活動で障がいのある子どもたちが無理なく集団のなかで行動できるように設定された活動です。毎日 1 時間，コーナー活動をしたり，体を動かす活動をしたり，少人数のグループ活動を行います。保育者数名が数名の障がいのある子どもと濃密にかかわる活動です。

ただし，障がいのある子どもが必ずこのグループ活動に入るという決まりはなく，自分のクラスの子どもと遊んでもいいし，自分でやりたい活動を選べます。

②年齢別クラス活動

同じ年齢の子どもたちが劇遊びや運動会，林間保育など，季節ごとの行事のときにクラスでまとまって活動をします。たとえば年長児だけの活動などです。

③自然を活かした保育

年長児は，毎年 7 月に宿泊して林間保育を行っています。子どもたちは親と離れて，2 泊 3 日のスケジュールで山登りを体験します。3 日間寝起きをともに一緒に行動するので，仲間意識が育つことが期待されています。

④個別的なかかわり

障がいのある子どもには，クラス担任や障がい児担当の保育者が毎日，短い時間でも 1 対 1 でかかわる時間をとり，子どもと保育者の人間関係を築くようにしています。

7節 インクルーシブ保育の進行状態

　インクルーシブ保育がどのように進行しているかについて考えてみます。例として，高機能自閉症の障がいのあるA君について考えてみます。○○幼稚園では，A君を含むインクルーシブ保育をめざしているとします。

　以下の点について，保育者同士話し合ってチェック☑してみてください。

> ☐ 個別支援計画の作成をしているか
> 　保護者から得られる家庭での様子や成育歴や医療相談歴の情報，発達検査の結果（遠城寺式乳幼児分析的発達検査，田中ビネー知能検査，K－ABC心理・教育検査など），行動観察，保護者の要望などをもとに，A君の支援計画や支援目標，支援の手立てを保育者同士で検討して作成していきます。入園当初はA君も幼稚園のクラスの場所に慣れず，フラフラしたり，ほかの子どもが遊んでいる積み木やパズルを壊したりすることもあるかもしれません。まずは，A君の興味・関心がどこにあるか，どのようにしたらA君が落ち着けるか，保育者との信頼関係づくりや居場所づくりを始めることが支援の目標になってもいいと思います。
> ☐ 保育者と子どもとの信頼関係をつくっているか
> 　A君の行動観察をしながらA君の興味・関心を探して，A君の関心に寄り添うことから始めてください。集団に入れることや友だちと同じ行動を無理にさせようとはせずに，A君との関係をつくります。A君の示す行動の意味づけを理解してみようと試みます。
> ☐ 保育者同士の連携はできているか
> 　A君のクラスの担任保育者や障がい児担当の保育者，ほかのクラスの担任などとA君の園での様子を情報交換します。保育者のなかで

A君の行動を困った行動とみている保育者がいれば，A君の行動の背景や意味づけについて共通理解して，今後のA君への対応や配慮をどうするか話し合っておきます。

☐ 保護者との連携はとれているか

　A君の保護者と話し合う場を設けてA君への支援ニーズを受けとめるとともに，A君の保護者とA君の成長をともに願うという気持ちで接していきましょう。保護者のわが子の障がいの受容は簡単にできるものではありませんし，障がいの受容ができていないことが問題ではありません。A君の成長をともに願う立場で，保護者がA君と向き合う力をサポートすることが大切です。

☐ 子ども同士の相互作用をつくっているか

　インクルーシブ保育の意味づけは，障がいのある子どもとない子ども同士の相互作用があるかないかです。A君の興味・関心をもとに，一緒に遊ぶ場や機会をつくってみましょう。保育者とA君が遊んでいる場に，クラスの子どもが参加してともにかかわる機会をつくってみることが大切です。

☐ 少人数での相互作用ができているか

　保育者とA君が遊ぶようになってきたら，クラスの子どもを誘って少人数で遊ぶ場をつくってみましょう。ポイントは，A君の大好きな遊びであること。たとえばA君がコマ回しが好きなら，クラスの子どもも一緒にコマ回しをするように促してみましょう。

☐ クラスでの理解と集団行動への参加ができているか

　A君のことを認めてかかわっている保育者の姿をみて，「A君はコマ回しが得意なんだよ」と，クラスの子どもたちもA君をしだいに認めてくれるようになります。そして，A君とかかわるようになります。子どもたちは「A君はこんなことができるんだよ」と保育者に報告してくるようになります。ときには，A君とぶつかる子どもも出てきます。子どもはありのままに表現します。子どもたちはA君とか

かわりながら，A君のできないこととできることを理解して，できないことを手伝ってくれます。

　障がいがあろうがなかろうが，子ども同士がともに生活しながら対等な関係のなかで，互いを理解して助け合えるクラス集団をつくることが，インクルーシブ保育の願いです。

　クラスの子どもの保護者には，子ども同士がぶつかり合いながらも互いに理解し合っている子どもたちの姿を伝えることが，障がいを理解することにつながります。クラスの保護者には，A君の障がいの特性を詳しく説明するよりも，A君とクラスの子どもたちが相互にかかわっている状況を伝えることが，子どもたちの成長している姿を受けとめることになります。

　クラスがA君にとって居心地のよい雰囲気であれば，A君はクラスでの集団活動に参加することが抵抗なくできるでしょう。A君がクラスの子どもたちと一緒にいたいと感じれば，集団活動にも喜んで参加するようになるでしょう。

2章
インクルーシブ保育の実践例

2章では，インクルーシブ保育の実践を紹介します。保育を行うなかで，障がいのある子どもと先生とのかかわり，障がいのある子どもとクラスの子どもとのかかわりをどのようにしてつくっていくか，インクルーシブ保育の視点でみてみます。インクルーシブ保育における保育者の取り組みについて事例をもとに考えてみます。

事例 1 人とかかわることが苦手な子ども

対象児：R（女児　年長児）
家族構成：父・母・姉・本児の4人家族

背景

3年保育で入園。ことばによるコミュニケーションが難しく，指さしやうなずき，表情，発声で応じます。1人での移動が困難なために大人の手助けが必要で，移動には「バギー」を使用しています。

入退院を繰り返していることもあり，年長になった当初も母子分離が難しい様子。大人がそばを離れると，不安で泣いてしまいます。

3年目の当初は入院したため，実際の園生活は1学期末からとなりました。母親や保育者がそばを離れると，すぐに泣きだすRちゃん。内言語（心のなかで用いられる発声をともなわない言語。内語）が豊かでいろいろなことに意欲的ですが，ことばによるコミュニケーションが難しく，母親はRちゃんの言いたいことを理解できますが，保育者にはRちゃんの伝えたい思いを汲みとれないことがありました。

保育者は，Rちゃんの気持ちを受けとめる方法を考えつつ，友だちのなかで園生活を楽しんでほしいという願いをもちました。

エピソード

Rちゃんの心の声が聞こえたとき

年長児の10月になってもまだ，保育者がそばにいないと泣くRちゃん。友だちとのかかわりが少ないものの，好きな遊びへの思いは強くあるようでした。

そこで，クラスの年中女児数人と園庭にゴザを敷き，Rちゃんの大好き

なままごと遊びを試みました。Rちゃんのかたわらでは，サインペン画やペープサート（紙人形）づくりを楽しむ子もいます。Rちゃんのまわりはにぎやかでした。その後は，（保育者の橋渡しで）友だちにバギーを押してもらって一緒にアスレチックで遊ぶなど，友だちとのかかわりに満足して過ごすことができました。

　ある日，弁当を食べながら，保育者が「今日，何して遊んだの？」と子どもたちと話していると，Rちゃんは（そばの保育者を見ながら）ほかのグループの子を指さし，一生懸命何かを伝えようとしてきました。みんなが落ち着いているお弁当の時間でしたので，保育者にも気持ちにゆとりがあったのでしょう。「誰？　Pちゃん？」「お家？」と，保育者はRちゃんのサインを受けとめることができました。「そうだよね，Rちゃん。今日，みんなと庭でレストランごっこしたよね」とRちゃんの言いたいことにはじめて気づくことができました。これまでRちゃんの思いをうまく受けとめられず，お互いにもどかしさがありました。しかし，はじめてリアルに伝わり，保育者としてうれしくてたまりませんでした。その場にいてともに楽しんだからこそ共感できたことでした。

　このことがきっかけとなり，どうしたらRちゃんは気持ちを伝えられるだろう，Rちゃんは本当は何がしたいのだろう，友だちにそれを伝えて一緒にできることはないだろうかと考え始めました。ほかの子が当たり前に楽しんでいることをきっとRちゃんもしたいだろう。子ども同士でそれができたら，もっとお互いが身近に感じられ，気持ちを伝え合えるのではないだろうかという思いがあふれてきました。

　みんなの名前を考えよう

　まず保育者は，Rちゃんが思いを友だちに伝えるため，名前を出して呼びかけたらその相手もうれしいのでは，と考えました。名前にあたる指文字（手話）を皆が覚えることは難しいので，もっと簡単なその子らしい「サイン」をRちゃんの前で1人ずつ相談しました。自分の好きな動植物や食べ物などを（指や手のわかりやすい動きも確かめて）決め，1枚の紙に

それぞれが絵を描いて皆に紹介していきました。たとえば「K君。熊が好きで，いつもガオーとしてるよね」と話すと，両手を熊の手に見立てすぐになりきるK君。顔を見合わせて笑い合い，本人が納得するとその子の名前にあたる「サイン」が決まっていきました。

　数日後，「Kクン　イッショニ　アソボウ」とRちゃんがはじめて自分からうれしそうに手話で話しかけました。あふれる気持ちが伝わり，「OK」とうれしそうにK君は返事しました。2人で砂場に行き，スコップで落とし穴づくりに夢中になって遊びました。

　また，みんなのかかわるきっかけになってほしいと思い，「身近な気持ちを伝える手話」をクラスで紹介してみました。また，Rちゃんの母親にも具体的に使いたい手話について相談すると，快く療育の先生に聞いてくださいました。クラスでもさっそくみんなに紹介しました。すると，Hちゃんが「家にベビーサインの本あるよ」と本を持ってきたり，「手話と同じものもあるね」と発見したりする姿がありました。ちょうどこの時期，手話サークルにいる実習生が来て，子どもたちと手話の歌を一緒に楽しむこともあり，思いがけない発展もみられました。

　次に保育者は，あくまで手話などを一緒に楽しみながら友だちと気持ちを伝え合うきっかけになればと考え，「○○ちゃん一緒に遊ぼう？」「お誕生日おめでとう」「今日何して遊ぶ？」「みんな集まれ」「どうしたの？だいじょうぶ？」「大好き」「ありがとう」「友だち」「うれしい」等の普段のことばを，手話やサインで意識して使い始めてみました。子どもたちはさらに手話やサインに興味をもち始めました。すぐに覚えて「○○○って手話でどうやるの？」と聞いてくるなど，楽しみながら使うようになりました。Rちゃんにも手話で，「どうしたの？」と話しかける姿もみられるようになりました。

　感謝祭の訪問行事の際には，「明日，警察署にみんなで行くよ」と保育者は手話で話しました。手話の歌「犬のおまわりさん」も子どもたちはすぐに覚え，「ほかの先生にも教えにいこう」とうれしそうに覚えた手話を

見せにいく姿もみられました。

　お誕生日会では，1人ずつのサインも交えて「○○ちゃんおめでとう」とクラスのみんなが祝う姿がありました。一緒に体中で表現するRちゃんの喜びもみんなに伝わった瞬間でした。

　こうしてRちゃんは手話でみんなと思いを表現し合うことで，仲間との一体感も感じていきました。お互いに伝わるうれしさは，さらにRちゃんを意欲的な園生活への取り組みへと結びつけていきました。

　次は何する？

　同じ年長のお姉さんともかかわりが広がってほしいと思い，ある日，年長の女児のHちゃんをRちゃんがずっとしたかったアスレチックのすべり台に誘いました。保育者が見守るなか，HちゃんはRちゃんをひざのあいだにかかえて座り，勢いよくすべり降ります。成功です。大笑いする2人でした。「もう1回」とRちゃんはサインの指を突き出してHちゃんにせがみ，その後，何回も2人はすべりました。「すべり台はHちゃんとやりたい」と言うRちゃん。Hちゃんも頼られることがうれしく，2人は信頼し合う関係となりました。上半身を力いっぱい動かしてすべり台まで移動し，何度も繰り返し，友だちと一緒に遊ぶRちゃんでした。

　すべり台の次にRちゃんがやりたかったのは"うんてい"でした。「Cちゃん，Rちゃんが何かやりたいって言ってるよ」と保育者がCちゃんを誘ってみました。Rちゃんの前に座って顔をのぞきこんだ年長のCちゃん。Rちゃんはうれしそうに両手をあげ，握りしめ，サインを前へ出します。保育者が「うんていだって」と通訳すると，Cちゃんは「できるかな～」と少し困った顔。「そうだよね。どうやったらできるか，ためしてみよう」と3人でうんていに向かいました。巧技台を重ね，Rちゃんの足がふれる位置にし，Cちゃんが後ろから腰をかかえるように持ちます。そばにきたQちゃんに「Rちゃんがうんていするから，この台を前に動かして」と頼みました。すると，Rちゃんはうんていを握りしめ，真剣な顔で1本ずつ手を確実に前に出したのです。ほんの1，2メートルの長さ

でしたが，RちゃんとCちゃん，そして保育者の達成感は最高潮に。思わず大声で，喜び合う3人でした。

　Cちゃんにとってもこのことは Rちゃんをよく知るきっかけになりました。「Rちゃん，うんていしたいの？」と自分から積極的に声をかけたり，「一緒に遊ぼう」と手話で誘い合ったりする友だちとなりました。

仲間の力

　卒園式の練習が始まり，Rちゃんは車椅子で登園するようになりました。この時期に友だちと遊ぶのは鉄棒でした。

　3学期になり，年長児が逆上がりに挑戦し始めます。保育者もその一人ひとりと夢中になって向き合っていました。逆上がりは，A君やB君，D君，J君が常連です。Rちゃんも車椅子に座りながら車輪が持ち上がるほど鉄棒を握り締めています。その姿を見て思わず「Rちゃんもやってみる？」と声をかけてみました。すると，「もちろん，やるやる」と満面の笑みでRちゃんは答えます。鉄棒を握りしめ，やる気満々で立ちました。ちょっと危なっかしいのですが，保育者が支えながらぐるりと1回転。はじめはどうなることかと，そばで見守る子どもたち。そのうち仲間の手がRちゃんの体を支えるように。「Rちゃん，がんばれ」と応援する声。とうとう一緒に1回転をやりとげました。「Rちゃん，すごい！」と認められ，また，みんなと同じことができて大満足のRちゃん。その日にできた回数から，日ごとに増える回数を自慢げにアピールする姿もみられるようになりました。自分たちもできないと思っていた逆上がり。がんばって最後まであきらめず，やっとできたそのうれしさはみんなと1つになりました。「Rちゃんもできた」と心から一緒に喜び合えた1コマでした。

　卒園式の練習では，2階の会場に車椅子を運びます。「4人いないと危ないな〜」と困っていると，「〜ちゃん，呼んでくる」とその都度子どもたちが集まり，力を合わせる様子は本当に頼もしく映りました。

　この1年でRちゃんをとりまく仲間や保育者の気づき，そしてかかわ

りが広がっていったように思います。

　はじめは，保育者を介して始める子どもたちとRちゃんとのかかわりがほとんどでしたが，手話をとおして仲間と同じ思いを表現することができるようになり，それ以降，思いが伝わるうれしさから，さらに自分から積極的に友だちにかかわろうとするRちゃんの姿へと変化していきました。今までかかわりのなかった子どもも一緒に遊んだり運動に挑戦したりするなかでRちゃんのことを知り，一緒にできた喜びを共感するとともに，Rちゃんの気持ちに気づいていきました。仲間もRちゃんの思いを聞こうとし，伝わることのうれしさから，さらにRちゃんからも伝える意欲があふれていきました。何より子どもたちが互いの気持ちに気づき，Rちゃんも含めた仲間のなかで育ち合う姿が大きく発展したことをうれしく思いました。

コメント

　ことばの問題があり，コミュニケーションが困難なRちゃんですが，保育者がRちゃんの気持ちや思いを懸命に受けとめようとして，いくつかの工夫や保育の配慮が試みられました。

　以下に，その工夫や配慮を示しました。

①クラスの仲間と一緒にいたい，遊びたい，かかわりたいという，Rちゃんの気持ちを受けとめて，仲間とかかわるための仲介役を行ったこと。保育者が，Rちゃんとクラスの仲間を結びつけ，アスレチックやレストランごっこなど，Rちゃんが仲間といろいろな遊びをすることができました。Rちゃんの仲間のなかにいたい，一緒に活動したいという思いは満たされ，園での楽しい生活を送れるようになっていきました。

②コミュニケーションの手段として手話を導入しながら，コミュニケーションの楽しさを経験する支援を行ったこと。名前を憶えて，仲間一人ひとりとかかわる楽しさを経験する支援を行ったこと。

Rちゃんがクラスの仲間の一人ひとりの名前を覚えるために，動物の名前を用いて手話で表し，相互に名前を憶えることができました。さらに，日常生活の「○○ちゃん，一緒に遊ぼう」「大好き」「ありがとう」「友だち」などのことばを手話でコミュニケーションをするようになり，Rちゃんのコミュニケーションの幅が広がり豊かになりました。保育者が手話を導入したことで，クラスの仲間が手話を覚え，Rちゃんと仲間が手話で会話できるようになり，お互いに意志の疎通ができるようになり，気持ちを伝え合うことができて幼稚園の生活を楽しむことができるようになりました。こうした仲間とのやりとりや伝え合う喜びは，Rちゃんの幼稚園での生活が意欲的で楽しいものとなったようです。

　また歩行が困難ですから，普通ならうんていなどは避けて遊ぶはずですが，あえてうんていに挑むRちゃん。Rちゃんの体を支えるCちゃん，見守る保育者，そしてうんていを最後までやり遂げたRちゃん，それを喜ぶCちゃん，保育者，ことばが不自由で歩行も困難なRちゃんですが，まわりの子どもたちの理解と保育者の適切な支援が見事に結びついて，Rちゃんの障がいを感じさせないような園生活が実現したといえます。

　インクルーシブ保育では，一人ひとりの保育ニーズをしっかり把握して，適切な支援や配慮を行うことで，いきいきとした園生活を送れるようにすることが，大切な保育上のポイントです。一人ひとりの保育ニーズを受けとめ，対応するための配慮を考えることが必要です。

事例 2 クラス活動に参加しようとしない子ども

対象児：M（男児　年長児）
家族構成：父・母・兄2人・本児の5人家族

背　景

　3年保育で入園。兄の通っていた幼稚園からは，本児は自閉的な傾向があるために入園は難しいと言われました。そこで本園に入園。当初，はじめての活動や場所では泣き叫ぶことが多くありました。たとえば，近くの川の土手でやった花火大会や公園での礼拝等では，母親の自転車から決して降りようとしない姿がありました。体操，制作，リズム，描画などのクラス活動には，自分から参加しようとはしませんでした。保育者に誘われてから経験することがいくつもありました。楽しめる遊びもあまりありません。療育施設にも通い，幼稚園は週3日の登園でした。友だちとのかかわりが薄く，一緒に活動することが難しいM君でした。

　ところが，2年目の年中児になり，保育者がテラスで制作のコーナー遊びを設定して他児と遊んでいると，M君もそばに来ました。他児と同じようにセロテープを引っ張って切り，テラスの床に貼りました。それまでほとんど他児に関心を示すことがなかったM君。自分から遊びにきて，他児の遊びを真似したことは保育者にとても驚きでした。このときから，「見ていないようで見ている」「M君のほうからは他児に近づくことができる」ということがわかり，M君が関心を示さなくても，友だちが遊び，活動するその場にいれば，雰囲気だけでも感じられるかもしれない。こうした見方が大事ではないかと思えるようになりました。

　しかし，3月のお別れ遠足では，クラスの仲間と足並みをそろえて歩くことが難しく，M君は1人でどんどん歩いていってしまいました。結局，

このときは，ボランティアのお兄さんと手をつないで歩くことになりました。そこで，M君が本当に人を意識していないのか，それともこちらの様子を試したいのかを確かめたいと考え，みんなで弁当を食べた後は手をつながずに歩き始めてみました。そして，保育者の1人がM君に見つからないようM君の後を追ったのです。すると，ときどき後ろを見て確認するものの，M君はみんなと反対方向に歩いていってしまいました。結局，皆のところには戻らぬままでした。

3年目の年長になると，毎朝遊戯室でトランポリンや三輪車に楽しそうに乗る姿がみられるようになりました。しかし，クラス替えの際には，「M君は，○○ぐみ！」と前年度のクラス名を言ったり，前の教室に行こうとしたりしました。わかっていてわざと言っているように見受けられたので，「M君は，きりんぐみ」と実際にはないクラス名を言うと，ニコニコしながら「ちがうよ～。M君は，ひかりぐみ」と本当のクラス名を言います。そんなふうに何度か保育者とのやりとりを楽しむM君の姿には，この2年で人に対する柔軟性やコミュケーションなどの変化が感じられ，さまざまな可能性を感じることができました。

年長になると年長児だけで活動する場面が多くなります。M君ははじめ，年長児のみの活動ではずっと座っていることができず，寝転がったり，部屋を出ていったりすることも多くありました。そこで，保育者間で活動内容を見直し，M君が楽しめる遊びやリズムを取り入れるなど，M君が自分から参加するよう促しました。また，すぐに参加しなくても，"一緒にいることでいやな思いをしない""雰囲気を感じる""他児の動きを見たり聞いたりする""その場にいることが大切"と，M君を共通にみていこうと担当者間で確認しました。

エピソード
田植え活動
年長児になると，はじめての場でのはじめての経験が増えます。しか

し，はじめてのことをM君はすぐに理解できません。たとえば，〈たうえ〉です。このときは，「田植え」での活動をわかりやすく短く表したことば・文字，そして絵で示すようにしました。活動にとりかかる前に文字と絵を見せ，あらかじめその文字と絵で「これから"バス"に乗って"たんぼ"へ行くよ」と伝える方法で4月から継続してみました。この方法を取り入れた結果，はじめて経験することでも混乱が減っていきました。このため，先に絵と簡単なことばで伝える方法を，その後もさまざまな場面で使っていきました。

またこのとき，簡単なやりとりであれば子ども同士でも「話しことば」でのコミュケーションがみられ始めたので，M君に対して積極的にかかわり始めたY君（年長・男児）に，M君と同じグループに入ってもらいました。弁当のときなどに，Y君から「M君，お弁当だよ」と声をかけて誘ってもらうようにしたのです。

はじめは，M君は園庭の大好きな大型木製アスレチックの上で，ちらっとY君を見るくらいでした。毎日繰り返すうちに，「は〜い」と降りてきたり，クラスに入ってきたりするようになりました。お弁当の時間は，M君も好きな時間ですし，またほかの子は着席を終えているタイミングで誘うので，クラスの雰囲気も落ち着いています。M君にとってはクラスに入りやすい条件になったのだと思います。

呼ばれたらすぐに弁当を食べることができるのも一因だと思いますが，それよりもY君が呼びかけてくれたことが大きな要因になったと思います。保育者は「早くみんなのところに来てほしい」と思い，一方的に「お弁当食べるからおいでよ」と伝えがちです。しかし，Y君の場合，M君のところまで自分も登り，M君が納得して降りようとするまで待っていてくれるのです。「待っていてくれる友だちのY君」と，M君は感じとったのではないでしょうか。Y君も家で，「Yが呼ぶと，M君がきてくれたんだ」と話していたとのこと。Y君にもうれしい，M君との関係だったのでしょう。

けれども，その後，年長児のみで行った田んぼの田植えでは，やはりクラスの友だちから離れて歩いていってしまうM君でした。「まだ，クラスの仲間という意識がないのかな？」とも保育者は思いましたが，よく見れば，M君は途中で立ち止まっています。ほかのクラスの友だちが通るときはその場を行ったりきたり……。しかし，自分のクラスの友だちが来ると，M君は一緒に歩き始めるのでした。小雨でどの子もカッパを着ていたので，すぐにクラスの友だちかわからなかったようです。カッパをのぞき込んで友だちの顔を確かめるM君。このM君の様子に，保育者はとても感激しました。

林間学校

　1学期末の林間保育（年長の子どものみの2泊3日の宿泊保育）では，同じクラスの年長児10人が自然のなかで，一緒に生活します。宿泊に行く前の3週間は，園内で毎日，宿泊で行う「探険」の相談をしたり，キャンプの歌やダンスを楽しんだりします。しかし，林間に行く日が近づくと，（家庭から3日離れることがわかったのか）「林間に行きませ〜ん」とさかんに宣言するM君でした。

　その頃，M君は，年長児だけの活動になると毎日決まって木製アスレチックの上にいました。「M君。ひかりぐみ，集まってるよ」と呼んでも，すぐにアスレチックから降りてきません。しかたなく，みんなで大型木製アスレチックに登り，M君を説得する日々でした。

　M君にもっと近づきたいと思い，保育者が「M君って，何が好きなのかな？」と聞いてみます。すると，「いつも高いところにいるから，空が好きなんじゃない？」と言うW君。クラスのみんなが，M君の好きな場所を知っています。「じゃあ，今日はみんなでアスレチックの上でお弁当を食べようか」「いいね。M君，今日は，空を見ながらお弁当を食べよう」と保育者が提案しました。みんなで食べながら，「気持ちいいね。だから，M君はいつもここにいるんだ」と，（M君が来ないことをよく怒っていた）Z君までがM君に向かってそう話しかけました。

いよいよ林間保育の当日。キャンプファイヤーでは，M君は暗闇が怖いので，「おかあさ～ん」と泣きましたが，山登りや川遊び，じゃがいも掘りでは，M君なりにとても楽しみました。山登りもどんどん自分のペースで歩きました。途中で立ち止まり，「ひかりぐみさ～ん」と，振り返ってみんなを呼びます。「Mちゃん，まって～。早いよ」と追いかける友だちを見て，ニコニコしながら，またM君は前に行きます。何度もこんなかかわりがみられました。活動を細かく事前に伝えていたこともありますが，受け入れてくれる心地よい仲間ができたことが，林間保育でM君が安心して過ごせた何よりの要因ではないでしょうか。

青空フェスティバル（運動会）

2学期になり，運動会の準備が始まりました。年長児はクラス対抗リレーを行い，ストーリーに合わせて動きを考え，ダンスも創作します。M君ははじめはどちらにも興味を示しませんでした。リレーのときは，保育者と手をつないで走り，次の友だちにバトンを渡すことを毎日1回行いました。ふざけてバトンを投げることもありましたが，手をつないだまま黙ってバトンをとりにいき，手を添えて渡すことを繰り返しました。10回目に，「今日は誰か，M君と走ってくれないかな」とクラスに声をかけると，いつもは走ることに積極的ではないI君が「はい，おれ，一緒に走る」と手をあげました。「M君，今日はI君が一緒に走ろうだって」「M，行くぞ」とI君が手を差し出すと，M君も手をつないで一緒に走り始めました。途中で，バトンを投げることもなく，最後まで走り切りました。「ほら，走れただろう？」と，得意そうにI君は言いにきます。それを見て，I君もほかの友だちと同じようにM君に受け入れられ，きっと達成感や喜びを感じたのではと思いました。一緒に走る友だちは毎日替わりました。当日の3日前からは，とうとう1人で走りました。運動会当日も1人で走り，バトンを友だちに渡すことができました。

ダンスの動きや振りの相談では，M君も一緒にその音楽を聞き，みんなの動きを見てほしいと思いました。そこで，「今は一緒ね」とその場に

いるように伝えました。M君は，このときは1人で積み木をしたり，絵を描いたりしながら，そこにいることをいやがりませんでした。さて，ダンスの動きが決まりました。「Y君と同じね」とY君をお手本に，保育者も手を添え，声でも「上，下」と動きを確認しながら踊ることを繰り返しました。「1回は一緒にやるね」とはじめに伝え，毎日1回だけはやってみる約束をしました。途中で手を離して様子をみると，「先生，一緒にやって」とM君は言います。M君もみんなと一緒にダンスを楽しもうとする様子を感じました。

　さて，運動会の前日です。「今日は先生は見てるだけにするから，1人でダンスしてみる？」と聞くと，M君は「うん。Mちゃん，やってみる」と答えました。保育者は，M君を信じようと決心し，M君が見えるところに座りました。わからなくなったら，すぐにモデルを示せるようにとの思いでしたが，その必要はなく，M君はニコニコしながらY君の後に付き，最後までみんなと同じように踊ったのです。M君のダンスのできばえは保育者の予想をはるかに上回りました。

　ほかの保育者からも，「無理と思いましたが，よく先生は，M君を信じて見守りましたね」と言われました。いつの間にこんなに覚え，こんなに育っていたのかという思いが湧き，保育者はまた感激しました。「Mちゃん，やってみる」ということばは，母親の自転車の上で泣いていたM君からは想像もできません。一つひとつの経験がむだではなかったことを教えてくれたひと言のように思えました。

　M君のこうした成長の土台には，そのままの姿が保護者や家族に受け入れられていたこと，そして母親がたんねんにつきあい，無理はしないけれどきちんと親としての思いを伝えてきたことがあるように思います。その上に積み重ねた経験をとおして友だちへ関心をもち始め，クラスが居心地よいものになり，さらに一緒にやって楽しかった体験などが加わって，その後のM君へと開花したのではないでしょうか。

　保育者がM君のことをよく理解しようという思いや，また約束を必ず

守る一貫した対応で信頼関係が芽生えたことなどもよかったと思います。どういう場面なら参加しやすいのか、ただ誘おうと声をかけるだけでなく、M君にこちらから歩み寄るかかわりが大切なことを学びました。

　クラス活動や友だちとの遊びに参加しにくい子では、友だちとの接点が見つけにくいものですが、保育者があいだに入り、その子の好きなことや関心があることを把握し、ほかの子へと発信し、またほかの子と一緒に楽しんでみると、何かきっかけも見えてきそうです。何より保育者がその子どもと向き合い、信頼し合う関係を築く、このことを心にとめ、日々の積み重ねをしながらM君とクラスの子どもたちとともに歩みたいと思いました。

コメント

　クラス活動など集団に加わることができず、友だち関係も薄かったM君。幼稚園入園後の3年のあいだで友だちができ、集団活動も一緒にできるようになった事例です。経過を追ってみましょう。

① 1年目の3歳の頃　未経験のことに泣き叫ぶこともあり、クラス活動もきっと保育者に誘われて何とか少し、という様子ではなかったかと思います。落ち着かなく園のなかでの活動も続かずに、1人で過ごすばかりのM君だったのでしょう。

② 2年目の年中児　とくに促されたわけでもないのですが、ある日のM君には、友だちと同じようにセロテープを貼る姿がみられました。保育者たちは、クラスに入れなくてもM君はほかの子を見ているようだから、友だちと同じ場にいれば雰囲気を感じとっているかもと考えました。M君への見方の変化です。しかし、遠足では1人で違う方向に行ってしまい、みんなと同じようにはしないM君でした。

③ 3年目の年長児　M君のエピソードは豊かです。お気に入りの遊具（三輪車など）で自分から楽しみ始め、M君特有のやり方ですが、保育者とのやりとりを楽しむ様子も見受けられます。M君の成長に

保育内容を見直し，M君の参加しやすい遊びやリズムを入れる工夫がなされます。これは，未経験のことを伝える方法にも及び，ことばで伝える以外に，文字や絵を使って，見て伝える方法も試されます。見ても伝わる工夫です。M君の混乱は減り，そのぶんスムーズな参加が増えたようです。

　劇的なのは，友だち関係の変化です。Y君やW君など，かかわる相手が出始めるとともに，M君もはじめて家庭から離れて，自然豊かな場での宿泊や野外活動を楽しむにいたりました。クラスの友だちを意識してから，画期的な変化がM君に起きたように思えます。友だち関係の素地が築かれていったようです。

　M君の成長の背景が，2点あげられます。家庭がM君の様子を受けとめ，たんねんにつき合ったこと，保育者がM君の思いを受けとめて信頼関係を築いたことです。M君のように「自閉症」といわれ，行動の混乱や友だち関係の築きにくさをかかえる場合，共感と集団関係を基盤にする保育と調和しにくいことが少なくありません。「一人遊びでふらふら」「クラスや集団に参加しない」状況です。ここでの実践のように，M君が幼稚園内の様子や保育者・クラスの子を理解し，楽しみも見つけ，一方で保育者やまわりの子どもたちがM君の思いをわかり，さりげなくつきあいを発展させた結果，互いの大きな変化が生まれたように思います。たんねんなつきあいをとおした相互の共感と関係の成果です。

　インクルーシブ保育は，子どもたちが日常生活をとおして自然にわかり合い，互いを認め合う過程で生まれ築かれていくこと，そしてこの結果，クラス活動を誰でも取り組めるものとすべきことがよく示されている事例だと思います。

事例 3　一人遊びが好きな子ども

対象児：E（男児　年長児）
家族構成：父・母・本児の3人家族

背景

　3歳児年少で入園したE君。入園前は，公園など外にはほとんどいかず，家のなかで遊んでいました。家ではビデオを観たりテレビゲームをしたりすることが多かったようです。入園当初は母子分離が難しく，泣きながら登園していました。また，たくさんの子どもたちのなかで過ごすことを怖がり，いつも保育者のそばにいました。しかし，しだいに園での生活にも慣れ，一人遊びができるようになりました。そのうちに友だちや友だちの遊んでいることに関心をもつようになりました。年中になり，2学期に実習生と始めたE君の好きな野球ごっこをきっかけに，バスケットボールごっこを5～6人の友だちと保育者とともに楽しむようになりました。大人とのかかわりだけで安心していた姿から，友だちに働きかけようとする姿が少しずつみられるようになりました。そして，すごろく，かるた，相撲など，友だちと一緒にできる遊びが広がっていきました。

　年長になり，新しいクラスにも慣れた様子でした。そこで保育者は，E君に対して生活や遊びのなかで自分の思いを表現し，友だちの思いも知りながら，いろいろな場面で友だちとのかかわりを広げてほしいと思いました。また，年長としてクラスリーダーになる経験をしてほしい，目的をもって仲間と活動をしてほしいという思いがあり，E君に対してねらいをもってかかわろうと考えました。

エピソード
1学期

　1学期は，大好きな野球ボールとバットを新聞紙でつくりました。保育者や年中児のF君とボールを投げたり，それを打ったりして楽しみます。しかし，遊ぶ相手がいないと，新聞紙のバットとボールを持ったまま立ちすくんでいることもありました。保育者に誘われて割り箸鉄砲もつくりましたが，じっくり遊び込む姿はみられませんでした。6月頃からF君と追いかけごっこをする姿もみられるようになりました。

　E君がクラスリーダーとしての役割がもてるように，年中・年少児のメンバーで弁当のグループを構成しました。はじめは，お弁当の時間前のテーブルの準備などを，保育者に声をかけられながら行いましたが，繰り返すうちに自分で意識して取り組めるようになってきました。弁当の時間なども楽しい雰囲気で過ごすことができ，E君にとって心地よい場となりました。遠足のときなども，グループの年少児と手をつないで歩き，「Eお兄ちゃん」と呼ばれることがうれしいらしく，とても張り切っていました。

　林間保育に向けて6月からクラス活動が始まりました。林間保育に行くこと自体に不安があり，年長クラスの活動ではクラスの皆と離れていることが多くありました。この時間はE君にとって苦手な時間であり，個別的なかかわりが必要でした。林間保育の3日間のプログラムは，絵も加えたわかりやすいものにし，E君が安心できるように家にもそのプログラムを貼り，いつでもみられるように保護者とも相談して決めました。

　林間保育では，保護者から離れてクラスの仲間と過ごしました。山や川遊びでのいきいきした姿，虫眼鏡で虫をのぞき込んだり，草原ではじめて虫を捕まえたりする経験一つひとつが，E君にとってとても大きな経験でした。

　8月の終わりに花火をしたときは，E君は手持ち花火をしたことがなく，「いやだ」といって母親がやっているのを離れたところで見ていまし

た。保育者が火をつける前の花火を渡すと，「これ，何？」とはじめて花火を手にし，母親と一緒に始めました。何度も繰り返した結果，最後の1本を「自分でできたよ」とうれしそうに保育者に伝えてきました。このような様子をみて，あらためていろいろな経験が不足していることを感じさせられました。

2学期

2学期になると，林間保育を経験してきたせいでしょうか。自分からやりたいといって，絵の具や積み木などに取り組む姿勢が出てきました。9月になり，年長児が田んぼに稲刈りに行くときに，E君は前日につくった新聞紙のバットを持っていきました。年長児のT君に「それを持っていくのは，おかしい」と言われたことでE君は気分を損ね，田んぼでの稲刈りに参加できませんでした。

また，E君は家で「幼稚園でT君に蹴飛ばされたり，パンチされたりするのがいやだ」とはじめて母親にもらしました。やられても，自分でいやだと言えなかったのでしょう。そこで，E君とT君と保育者と3人で話してみました。「E君は，T君に蹴飛ばされたり，押されたりしていやなんだって」と保育者が伝えると，T君は「やっていない」と言いました。「E君，いやだったんでしょう？ 自分で言ってごらん」と促すと，「いやだ」と小さな声で言いますが，T君は認めません。そこで，保育者が「どうやって背中をたたかれたの？」と具体的に聞いてみると，ことばでは説明できませんが，こぶしを握ってパンチのしぐさをして表現しました。そこで，T君も認め，「ごめんね」と謝りました。「蹴っとばすのでなく，相撲で勝負したら？」と保育者が提案してみると，2人の顔がパッと明るくなって外に飛び出しました。そして2人で相撲をしました。どちらも同じぐらいの力で，勝ったり負けたり，体をぶつけ合って楽しんでいました。その後は，T君と一緒にE君もくぎ打ちを始めました。その日の午後に，運動会で行うダンスの練習をしました。フォークダンスの練習で，お互いに誘い合って踊り始める姿をみることができ，保育者は驚きました。ダン

スにも意欲的に参加をするようになってきました。

　友だちのなかへ入って遊ぶことができなかったE君。みんなから頼りにされるクラスリーダーとなれるよう，保育者が配慮して弁当グループを構成しました。その後，E君のいきいきとした姿がみられるようになりました。

　また，自分の気持ちや思いを大人には伝えてきましたが，友だちに伝えられなかったE君。保育者がその思いを手助けすることで，幼稚園で友だちに自分の気持ちを出すことに意欲的になったことは大きな成長でした。表現が増え，友だちとの交流が増えることで新たなトラブルもありました。年少の頃に友だちとの小さなぶつかり合いを経験していないE君。自分の思いを出せても，友だちの気持ちが理解できていないことに気づかされました。負けたときには悔しくて物を投げるなど，自分の気持ちの表現方法にも問題が残りました。父親も含めた家庭との話し合いのなかで，E君にとってさらに必要なかかわりを話し合っていきたいと考えました。

コメント

　入園当初は母子分離が難しく，経験が少ないE君。園生活に慣れてきたことで，少しずつ一人遊びができるようになったり，友だちと遊べるようになったりしてきたということでした。クラスの友だちとのトラブルを起こしながらも，自分の気持ちを表現し，伝えようとしている姿がみられるようになったのは，保育者によるクラスのグループ編成などE君に合った配慮ができていたからではないでしょうか。

　林間保育に向けて6月からクラス活動を始め，そのなかで生じた不安，8月のはじめて体験した花火，どれもE君にとってよい経験が積み重なったようです。年間をとおして行われる園での体験活動が，経験を豊かにしていったのでしょう。2学期に入り，E君と友だちとのかかわりにも変化がみられます。お友だちとのかかわりのなかでちょっとした衝突を保育者が介入してそのトラブルを避けるのではなく，「相撲で勝負」とか

たちを変えて見守ることで互いに納得でき、さらによい経験が積み重なっていきます。

これらの経験の拡がりが、E君と友だちのとのやりとりやかかわりを活性化していきました。保育者が子どものやりとりのなかで上手に仲介に入ったよい例ですが、そのやりとりをどのように見守るかはバランスが必要になってきます。

E君は自分の気持ちや思いをまわりにいる保育者や大人には伝えることができますが、まだクラスの友だちの気持ちを受けとめることは難しいようです。これからも保育者や保護者が手助けをし、さまざまな経験していくうちにE君なりの交流が拡がっていくと思います。

事例 4 保護者と園全体で取り組んだ、子どもへのかかわり

対象児：G（男児　年長児）
家族構成：父・母・姉・本児の4人家族

背　景

入園は母子分離がスムーズにできました。G君は、園の遊びでは、楽しそうなところを見つけては園中を転々としていました。体格がよくて入園当初から鉄棒の前まわりができ、園庭にあるアスレチックの3階にも登れてしまうほどの体力がありました。しかし、身支度のときや集まりに声をかけられたときは自分のやりたいことを優先し、やめようとしない姿がみられました。また順番が待てず、クラスの友だちとおもちゃの取り合いをして、手が出ることも頻繁にありました。保育者があいだに入りますが、G君本人が責められるようなことばに敏感で「ばかやろう。こんな幼稚園やめてやる」と、大声で怒鳴って手がつけられない状態になること

もありました。反対に「○○がしたかったんだね」と共感したり，「腕相撲で先生と勝負しよう」と気分転換をはかると，すぐに気持ちが切り替わり，3歳児らしい素直な表情をみせる姿もありました。そこで集団に入ることにこだわらず，わらべ歌などでスキンシップをはかりながら1対1で絵本を読んだり，じっくり話を聞いたりすることを大切にしていくようにしました。

<u>エピソード</u>
友だちにけがをさせたことをきっかけに

5月に入り，G君が友だちにけがをさせてしまうことが2回も起きてしまいました。G君への対応を園全体で考えるよいきっかけになりました。

どちらもほかのクラスの年長児とのかかわりのなかで，無理におもちゃをとろうとしたり，「貸して」と言ったのに貸してもらえなかったりなど，G君が思いを通そうとし，相手に強く怒られてしまったことが原因でした。積み木やビンでたたいて友だちにけがさせてしまい，その子の母親に心配な思いが高まりました。

これらのことを受け，保育者がどのように対応していくべきかを園全体で話し合いました。さらに園長とクラス担任で，毎日G君の様子を振り返る時間をつくりました。

また，G君の母親ともこまめに連絡をとり，G君の育ってきた経過を聞く機会もつくりました。G君の母親によると，G君は入園前の2歳まで母親の実家で同居していたようです。生後まもなくから祖母が世話をよくしてくれていたそうです。母親はすぐに泣き出す赤ちゃんをどう扱ったらいいのかわからずに戸惑い，可愛いと実感することが難しかったようです。その後の転居にともなって生活が一転しました。知り合いがいないため，母子で過ごすことが増え，ほかの子とけんかをしたり，言うことを聞かなかったり，母親はG君をしかることばかりだったと言います。保育者

は母親の気持ちに寄り添いながら、一緒にG君のことを考えていけるようにと願いつつ、G君の小さな変化を伝えるように心がけました。

　園ではG君の様子をさらに詳しく観察し、記録をとることにしました。そこからみえてきたことは、朝のコーナーの時間、クラスが入り混じって遊んでいるときにはさまざまなことに興味が移ってしまい、あれもしたいこれもしたいと、遊びが次々に変わっていってしまうことでした。順番が守れないことでほかのクラスの友だちにきつく当たられ、うまく遊べないことがほとんどです。しかし、ひとたびクラスの年長児らと砂場や園庭の隅で遊び始めるとじっくり集中し、少しくらいまわりに怒られても一緒にやりたいという気持ちがみられます。友だちの言うことを聞きながら、やりとりをしようとしている場面もみられました。とくに砂場では水汲みを好み、重たいバケツを持って何度も往復して運んだり、パンツ姿になって体中泥だらけにして遊んだりして、思い切り発散して満足した様子がみられました。

　このようなG君の状態から、次のような対応を大切にしようと園全体で話し合いました。

- 保育者は、G君と遊びや生活の場面で真剣にぶつかること。
- 本人の気持ちを受け入れたうえで、保育者の思いもきちんと伝えていくこと。
- 友だちとのやりとりの場面では、保育者が一緒に伝えていく。
- うまく伝えられたときには、その都度ほめる。
- 相手の表情などにも「○ちゃん、笑ってるね」など、気がついたことばをかける。
- いけないことはしっかり伝えるが、怒ってばかりにならないようにメリハリをつける。
- 1日のなかで生活の見通しがもてるように、流れをわかるように伝える。
- 刺激が少ない場所で落ち着いて遊べる場をつくる。

・遊びのなかで思い切り発散できるようにする。

　これらのことを意識し，日々の保育を行っていきました。

年長児とのかかわり

　砂場で年長児のL君と遊ぶことが増えていった，6月。L君に「水，ここから流して」と頼まれると，G君は「わかった」とそそくさと水を汲みに行きました。「ここは水をやらないでね」と言われれば，「わかった。じゃあ，もう少し広く掘ろう」と楽しそうにやりとりをしていました。

　ある日，花壇を畑にしようと保育者と台車で土を運んでいたG君。そこへL君もやって来て台車に土を入れ始めました。何度か往復するあいだにずっとG君が台車を運んでいましたが，L君も台車を押したくなって「貸して」と言うと，G君は「いやだ，Gが押す」と言って聞きません。何度も「貸して」と言うL君に，断固として貸さないG君。とうとうL君が怒り，思い切りG君を押してしまいました。

　年長児のL君の力は強く，さすがのG君もしりもちをついて転んでしまいました。驚いたG君はとっさにL君に砂をかけ，L君はさらに怒ってまたG君を押します。今度はおしりが水たまりにはまり，ビシャビシャになってしまい大泣きするG君。「やっぱり年長さんのほうが強いね」と保育者が言うと，「Gのほうが強いもん」と泣きながら言いました。「じゃあ，何かで勝負したら？」と言うと，「よーいドンしよう」とL君。始めてみると，何度やってもL君が勝ちました。そのうちにほかの年長児たちも数名仲間に加わり，かけっこになりました。そのたびに負けるG君ですが，友だちのなかで思い切りかけっこができたことで満足し，先ほどのけんかは忘れてしまったようです。その後はまた，L君と誘い合って砂場へ遊びにいきました。

　このように，保育者とのかかわりと本気でぶつかってくれる年長児とのかかわりをとおして，入園当初の落ち着かない姿から友だちと一緒に過ごすことを楽しみ始める姿へと少しずつ変わっていきました。

　振り返ってみると，G君の年少児での1年間は，自分の興味のある遊

びを年長児と一緒にじっくり楽しんだ時期でした。そして，年中児になると興味だけでなく特定の友だちと遊びたい，仲間に入りたいという気持ちが出始めました。入れてもらえなくて泣いたり，無理にあいだに入って怒られるような場面もありましたが，相手の思いに気づく経験を保育者と一緒に積み重ねることで，少しずつ仲間と1つの目的に向かって遊ぶようになり，相手に合わせて楽しむ姿もみられるようになりました。同時にそれまであまり関心をもたなかった小動物を可愛がったり，泣いている年少児に声をかけたりするやさしい姿がみられるようになり，友だちと一緒に園生活を楽しんでいるG君の成長をみることができました。

　乱暴な言動をするG君に，大人が戸惑っていた年少児の新学期でしたが，G君なりにはじめての園生活に戸惑いや不安があったからこそ，自分を守るためにあのような態度をしたのかもしれないと考えさせられました。乱暴な子どもと決めつけるのではなく，彼の様子をよく知ろうとすること，無理に集団に入れようとせず，まずは1対1のかかわりを大切にすること，クラスだけでなく園全体で，さらに母親とも共通の理解をして，どこでもG君が気持ちを受けとめてもらえる安心感を与えることが大切だったと感じました。

コメント

　いやなことがあるとすぐに手を出してしまう，ということはよいことではありません。しかし，このようなG君の行動に対して，保育者や保護者がその場で注意をしてその行動だけをやめさせようとすることもよいことではないように思います。なぜなら，G君がどのような思いから友だちに手を出してしまうのか，その原因を探ってみる必要があります。

　園での過ごし方ではG君がいろいろなことに興味をもち，園内のおもしろそうなことを見つけて転々としているとありました。身支度や集まりでやるべきことより，自分の好きなことを優先してしまうようです。友だちとのかかわりでも，トラブルが起こります。

そんなときこそ，園全体でその子のことを考えてかかわりを強めることが大切です。それと同時に，母親とのかかわりもしっかりと時間をつくって対応することで，家庭と園とでG君に同じようなかかわりをもつことができるのです。

　園では，G君の母親とこまめに連絡をとるようにして家庭環境などを知ることができました。そのなかで，G君や母親が同年代の子たちとふれ合う機会がなかったこともわかりました。そのようなことがあり，現在の友だちとのかかわり方に変化が出てきたのではないでしょうか。自分の思いを上手に伝える方法がわからず，友だちの思いも受けとめられない。だからこそ「手が出る」という行動に出てしまったようです。

　園全体で話し合ったように，1人の保育者だけで対応するのではなく，G君の様子を見守り，報告し合うことでより理解を深めることだと思います。

　さらにG君には，園での年長児とのかかわりで変化がみられました。年長児が本気でぶつかってくれることで，G君はさらに年長児の仲間に入りたいという気持ちが高まったようです。G君にとって意欲的に遊びに参加するきっかけとなったことでしょう。「乱暴な子ども」と保育者が一方的に決めつけることなく，G君にいろいろなかかわりを行ってきた保育の成果だといえます。

事例 5　クラスの子ども同士の変化

対象児：N（女児　年長児）
家族構成：父・母・姉・本児の4人家族

背景

　3年保育で入園。肢体不自由で，園庭ではバギーを使用。室内では，自

分で腹ばいになり，手で意欲的に動きます。言語は発声のみですが，表情は豊かで指さしやジェスチャーで自分の思いを表現し，2〜3人の友だちとの遊び（ままごと・色水・制作活動など）を楽しんでいました。食事は，こぼしながらも自分で意欲的に食べます。排泄(はいせつ)は，オムツを使用していて保育者が交換します。衣服の着脱などはほぼ全介助の状態です。

新学期にNちゃんは新しいクラスになり，友だちや先生，部屋など，いろいろなことが変わった不安からか，1カ月を過ぎても泣き続けていました。個別にかかわると泣きやんで指さしなどで，「〜がやりたい」などと表現して遊び始めます。友だちが多くなったり，保育者がその場を離れると大声で泣き出してしまうことがありました。そのことに対して保育者は新しいことへの不安，自分の思いを表現しきれないもどかしさからではないかという思いつつも，あまりに続くその様子に「わがままなのでは？」という気持ちにもなってしまうことがありました。

保育者はNちゃんが自分なりの方法で自分の気持ちを表現し，いろいろな方法で友だちとのかかわり，遊びや生活を楽しんでほしいと考えました。

一方，Nちゃんにかかわってくる0ちゃんという健常児がいます。0ちゃんは，園生活2年目の年中女児。今年度よりNちゃんと同じクラスになりました。0ちゃんはいろいろなことに関心をもちながらも，「やらない」「変なの」と言ってじっくりと遊ぶ様子が少ないことが保育者は気になっていました。しかし，生活習慣は何でも自分で行い，とてもしっかりした子どもでした。一方，年少時は欠席も多く，まだまだ園生活を十分に楽しんで満足していないのではないかという思いが保育者にありました。

エピソード
Nちゃんと0ちゃん
　部屋のすみで介助が必要なNちゃんのおむつを変えていると，そばに寄ってきてじっと見ている0ちゃん。保育者が顔を上げて0ちゃんを見

ると，「何でもない」とそっけなく言って去っていくことが続いていました。しばらくして「ね～。どうしてNちゃん，年中なのにおむつしているの？　変なの」と保育者に聞いてきました。「Nちゃんは今，練習しているのよ。おしっこを自分でできるようになるといいね」と保育者が答えると，「でも，年中でしょ？　赤ちゃんみたい。変なの」とOちゃんは言い，その場を離れて行きました。もちろん，Nちゃんもその会話を聞いていました。

　また，クラスの年中10名ほどが集まって絵本の読み聞かせをしていると，その楽しさを「あ～あ～」と声を出して表現するNちゃんに対して，Oちゃんは「あ～，うるさい。全然聞こえない。もー!!」と，怒りだしました。

　Nちゃんは，絵本の楽しさからか，Oちゃんのひと言が気にならないようですが，怒ったような顔をしながら発したOちゃんのことばに，保育者は一瞬どのように対応しようかと考えました。しかし，あまりの強い口調に保育者は絵本を読むことをやめ，「Oちゃん，何だかすごく怒っているみたいね，Oちゃんの言い方が先生，ちょっと怖かったな……」と保育者の気持ちを伝えました。

　コーナー活動のなかでも，夢中になって遊ぶなかでよだれが出てしまうNちゃんの隣をいやがり，「汚いし，臭いからいや」と言ったり，物を落としてとれないときも知らんぷりしたりしていることが続きました。しかし，保育者はOちゃんのことばやそぶりは単に，「Nちゃんのことをいや」ということで片づけてはいけないように感じました。

　保育者は「そんなことを言ったらかわいそう。仲よくしよう」と言うのではなく，なぜOちゃんはそのような気持ちになったのかを考えることにしました。保育者のなかでは，「ただNちゃんのことがいやなのではなく，幼稚園生活や遊びのなかで満足していないのではないか。Nちゃんのことが気になってはいるが，どうかかわろうか，表現しようかと戸惑っているのではないか」という思いになりました。Oちゃんと保育者との関

係，十分に幼稚園生活を楽しむということを，もう一度見直すことにしました。無理に2人の関係を大人がつくって「仲よし」にするのではなく，子ども一人ひとりがまずは自分自身の生活を充実させることで相手の様子・姿・気持ちに気づくと考えたからです。

　つくることの好きなOちゃんと一緒に縫い物を始めると，仲のよい友だちを誘って毎日のように繰り返しやってきました。片づけの時間になり，保育者が声をかけても，「もっとやる」「先生，明日もやろうよ」と楽しみにしていて，翌日も登園するとすぐにやってきて自分で縫い物を用意するなど，楽しんでいることが伝わってきました。保育者が木の実を使って遊び始めると，休み明けにどんぐりをいっぱい入れたビンを持って登園し，「先生，これ，Oがとってきたんだ。お姉ちゃんの学校のところから。使ってもいいよ。あげる。なくなっても大丈夫だよ。Oがまた，とってきてあげるから」と差し出しました。その姿がとてもうれしく，一緒にどんぐりを洗って数日かけて干したり，制作に使いました。そのあいだ何度も「これ，Oのどんぐりだよね」と話したり，また園庭で焚き火を繰り返すとそれを楽しんで大好きな友だちと一緒に最後まで片づけをしたりする姿に保育者は，Oちゃんと一緒にじっくり遊んだり，楽しんだりするよい関係を築いてこなかったことを反省しました。

　その後もNちゃんのおむつを変えているとときどきやってきては，「また，おむつ……。年中なのに変なの」と繰り返し言うものの，保育者のOちゃんに対する見方は少しずつ変化し，ただ単にいやがっているのではなく，Nちゃんに対して関心があるからこその姿ではないかと考えるようになっていきました。

　コンサートにてふれあい

　Oちゃんは直接的にNちゃんとかかわって遊ぶ姿はないですが，保育者がNちゃんと過ごしているとそばに来てのぞくことが続いていた3学期のある日，幼稚園でコンサートが行われることになりました。前日より子どもたちは楽しみにし，「おしゃれをしてこようね」と話をしていまし

た。当日，コンサートを楽しみにしてかわいらしいワンピースを着てきたNちゃん。登園するとワンピースのすそを持ってヒラヒラさせて，「アーアー」と話しながら手足をいっぱい動かして何かを伝えようとしていました。その様子をみて母親が，「昨日から何を着るか楽しみにして，クローゼットのなかからいろいろ探していたんです」と教えてくれました。

　Nちゃんのワクワクしたうれしい気持ちがわかり，まわりにいた子どもたちも保育者も「Nちゃん，すてきね。今日のコンサートが楽しみだね」と話していると，そっとそばにやってきたOちゃんが話しているNちゃんや保育者，友だちをそっと見ています。そして，「Nちゃん，今日，かわいいかっこうしてきたじゃん」とひと言。そっけないように発したひと言でしたが，保育者にとってはOちゃんの気持ちがNちゃんへ向いた一瞬を表したとてもうれしいひと言でした。3人の保育者は思わず顔を見合わせ，ことばでは表しませんでしたが，そのうれしさを共有した思いになりました。そして，「Oちゃんも素敵な洋服を着てきたね。Nちゃんと同じだね」とそっと伝えてみました。

　クラスのなかにはさまざまな子どもたちが日々ともに生活しています。そのなかで，互いにいろいろな思いを感じて表現しています。「仲よく，やさしく」という思いだけではなく，素直に感じたこと（よいことばかりではなく，大人からみてマイナスと思えることも含め）を表現できる場が大切です。

　OちゃんはNちゃんに対してマイナス的な発言をしましたが，その出来事だけに目をとめず，まずはOちゃんが幼稚園生活を十分に楽しんでいるかをあらためて見直すこと，保育者とよい関係を築いているかを見直すことが大切であったと思いました。そのなかで充実した園生活を重ね，友だちの姿，友だちへの思いも気づいていくのだと思いました。

コメント

　歩けないNちゃんと同じクラスのOちゃんとのかかわりから，保育者

は2人を無理に「仲よし」にさせようとはせずに見守りながら、OちゃんがなぜNちゃんにマイナスの感情をぶつけるのかを考えました。保育者の気づきや配慮は、Nちゃん、Oちゃんともに一人ひとりが園の生活を充実させるようにかかわることで、NちゃんとOちゃんのお互いが相手の様子・姿・気持ちに気づくのではないかと考えたことです。津守真の『子どもの世界をどう見るか』（日本放送出版会、1987）という本のなかで、「子どもの世界の理解には……（中略）……子どもの生活に参与して子どもに直接応答すること」と書いてあります。保育者がNちゃんとOちゃんの園生活に直接応答した結果、2人のかかわりに少しずつ変化がみられるようになったのでしょう。また保育者の素直な感性が、子どもたちにとてもよい影響を与えたのではないかとも感じました。歩けないNちゃんに保育者が特別なかかわりをしているのではなく、Oちゃんにも同じように必要なかかわりとして向き合うことで、新たな展開につながったよい事例だと思います。「クラスのなかにはさまざまな子どもたちが日々ともに生活している」という保育者のことばのなかにも、クラスの子どもたち全員に同様のかかわりが必要なのだという意識が感じられました。

　インクルーシブ保育では、障がいのある子もない子も同様に大切にされなくてはいけません。幼稚園の一人ひとりの子どもの気持ちや生活に保育者が向き合っていくことで、彼らの思いが受けとめられ、いきいきとした生活が送れるのだと感じました。

事例 6　補装具なしで歩けない子どもの行事参加

対象児：S（男児　年長児）
家族構成：父・母・兄（双子）の4人家族

背景

3年保育で入園。S君は両脚の肢体不自由のため，補装具を使用しています。園庭では「クラッチ」や「歩行器」を使用して自力で移動します。室内ではゆっくりと自分で歩いて移動しますが，転びやすいS君です。階段は保育者が抱っこして移動していました。

ことばは豊かで，大人との会話を好み，日常や家族とのことをよく話します。友だちへの関心はありますが，保育者を含めた年下の2，3人の子どもたちとの遊びが中心でした。

入園当初は短い保育時間からスタートしました。そこではまず，保育者との関係をつくることを大切にしました。あまり子ども同士でかかわったことがなかったのか，ほかの子との会話はかみ合わなかったせいもあり，保育者など大人とのかかわりや会話を楽しむことが中心でした。年長になって，保護者の付き添いなしの林間保育（2泊3日）等の行事に参加するような場合には，家庭との話し合いを積み重ね，友だちと一緒に楽しめるように，本人なりの方法での参加を考えていきました。すべて皆と同じにはできないS君でしたが，本人なりの方法や参加の仕方をクラスの友だちも認められるようになってほしいと保育者は願っていました。

エピソード

リレーの練習

本園では，2学期になると「青空フェスティバル」（一般的に運動会とい

われる催しを，もっと皆で楽しめるものへと願い，「青空フェスティバル」に変えました〔4章112,113ページ参照〕）へ向けての活動が始まります。日々の生活は縦割りのクラス中心ですが，この期間にはクラス対抗のリレーや，年長児全員によるリズム表現を行いますので，年長であることを意識し，子どもたちの気持ちも盛り上がります。

　青空フェスティバルをひかえ，園庭では子どもたちのリレーが日々繰り返されていました。S君は，そのリレーのなかで，歩行器やクラッチを使って一緒に参加しました。S君自身は，クラスのみんなと体を動かしたり，走ったり，リレーに参加したりして，とても満足な様子でした。「今日も年長リレーやるよね。Sもがんばるね」と張り切るS君でした。

　しかし，クラスのなかでは，S君の走力のためもあってリレーで1位にはなれない日が続きました。はじめは，子どもたちの気持ちも負けることへの悔しさより，体いっぱい使って活動する満足感や繰り返し行う楽しさが優先していました。しかし，その後も1位にはなれないことが繰り返されるうち，子どもたちの様子には，何となく焦りや不満の感情がみえ始めました。

　毎年，青空フェスティバルの期間にはさまざまなドラマがあります。車椅子の子どもや自閉的な傾向の子どもも関係なく，年長児全員がリレーでは走ります。普段にはない「勝ち負け」を競うことで，子どもたちにも大人にもいろいろな思いが交錯します。ドラマもそんな背景から生まれます。直接，ことばでは表現しないクラスの子どもたちに保育者は，そのときまで「とくに不満はない」と思い込み，子どもの思いには気づかないままでいました。

「S君は休んで見てて」

　そんななかのリレーの練習中のことでした。クラスの子どもたちが，S君に「休んで見てて」と言ったのです。その日の練習では結果的に，S君はずっとテラスに座りっぱなしの状態で園庭を走る友だちの姿をただ見ているだけで過ごしたのです。

そのことがわかったとき，担当としてとても複雑な思いが湧きました。毎年，さまざまな出来事が起こります。「今年もいろいろな出来事をとおし，保育者も子どもたちもいろいろと考えていけばよい」と思う一方で，どんな思いで子どもたちはＳ君に〈休んでて〉と言ったのか，負け続けている子どもたちはどんな気持ちだったのだろう，Ｓ君を休ませてまで勝った気持ちはどうなのだろう……などなど，さまざまな思いが湧きました。そこでＳ君も含め，クラスの年長児と話してみました。
　「だって，Ｓ君は走るの遅いから……」「Ｓ君が走ると全然勝てないだもん」「Ｓは休んでて，みんなのことをがんばって応援すればいいんじゃない？」と，それぞれが思いを口にしました。「でも，Ｓ君もみんなと一緒に走りたいんじゃないかな？」と保育者は子どもたちに伝えつつ，勝てずにいた子どもたちの悔しさにも共感していました。「Ｓ君，訓練したらいいんじゃない。もっと速く走れるようにさぁ」「そうだよ。毎日訓練したら，みんなみたいに速くなるかもしれないよ」という別な提案が子どもたちから出ました。そのことばにＳ君も「やってみる」と声をあげ，その日の話し合いは終わりました。
　保育者や子どもたちだけでなく，この出来事を保護者たちも一緒に考え，できるだけかかわってほしいと思い，伝えることにしました。Ｕちゃんはクラスのなかでも，幼稚園のなかでも運動能力が高く，走るのも速かったので，心からリレーを楽しみにしています。負けたことをとても悔しがり，「勝ちたい」と強く思っていました。その思いから，ＵちゃんはＳ君に「休んでて」と伝えたことがわかりました。
　Ｕちゃんは何でもできる子でしたが，普段はおとなしく，あまり自分の気持ちを直接的に表現しない子です。ですから「悔しい，勝ちたい」という気持ちの表現は，Ｕちゃんにとってとても大切なことと保育者は思いました。一方，Ｕちゃんの母親は，Ｕちゃんが「休んでて」とＳ君に言ったことに驚きと戸惑いを感じたようです。数日後，Ｕちゃんの母親は園に来て，次のように話されました。「話を聞いて，ずっと気になって

考えていました。そんなことを友だちに言っていいと思いますか」。

　卒直な母親のことばに，保育者は思わず次のように話しました。「『勝ち負けは関係ない。みんなの力を合わせることが大切』という大人の考えを押しつけ，結局，子どもたちが自分の気持ちを隠してしまうよりも，素直に気持ちを表せたことがまず大切です。互いの気持ちをぶつけるなかで，自分や友だちの姿に気づき，認めていくのでしょう」。

　「いっぱい練習したけど、速く走れない」

　その後，S君の母親も含め，クラスの年長の母親たちと話す機会をもちました。そこでは，子どもたちのリレーに向けての活動の様子，子どもそれぞれのリレーへの思いの表現，保育者の気持ちを話しました。そのうえで，それぞれの母親の話を聞き，今，子どもたちに必要なこと，また保育者のかかわりについて考えていきました。

　その後S君は，家で母親と一緒に走る練習をしました。けれども，やはりリレーでは勝てません。数日後，もう一度クラスで話してみました。「S，練習してないだろう。ちっとも速くなってない」「もっと，ちゃんと訓練しろよ」「全然1位になれないじゃない」と，子どもたちはそれぞれの思いを口にします。保育者は，次々に出る子どもたちのきついことばを止めたい気持ちになりました。しかし，今は「いい子」の発言より，子どもたち自身の思いを表すことが大切と考え，話し合いを続けました。

　子どもたちの意見がひとしきり出た後，S君は泣きながら訴えるように言いました。「ぼく，いっぱい練習したんだ。おうちの庭でも道の電信柱までがんばって走ったけど速くは走れない。訓練したけど走れないんだよ」と。S君のひと言に皆は驚きました。ことばも止まりました。ある男の子が，「S君って走れなかったんだな」とぼそっとつぶやきました。保育者は自分の思いを，どのように伝えるか迷いつつ，S君はとてもがんばっていること，先生もクラスが負けるのはくやしいこと，みんな同じではなくいろいろな方法での参加もいいのではないのかなど，思いを素直に伝えました。S君の走る距離を短くしたり，スタートラインを変えたりな

どの方法も提案しました。しかし，子どもたちは納得しません。走る距離を短くすることには抵抗があるようでした。「短くしたらほかのクラスにズルって言われるかも」と発言した子もいました。

　保育者の提案の後に子どもたちの話が再び始まりました。「やっぱり勝ちたい。でも，S君の走る距離を短くしないと勝てない」，子どもたちの思いはぐるぐると回る一方で，なかなか答えは出ません。担任は，「S君の走る距離を短くすることは，自分たちだけでは決められないんだよ。ほかのクラスの年長さんみんなに話して，みんなも『S君は短く走ってもいいよ』って言わないとね」と話しました。

　子どもたちがS君のことを伝える機会をクラスごとに設けていきました。そこで子どもたちは，今までの経過や自分たちの思いを，自分たちのことばで話しました。しかし，ほかのクラスの年長児たちはすぐに納得しません。「そんなのはズルいよ」と，次々に口にします。そこで，S君の今の走る姿や速さと，年長児たちがどれくらい違っているのか，一緒に走って，実際に見てはどうかと保育者は話しました。

　結果は，S君が1周走るあいだに，年長児は5周も走ることがわかったのです。走る速さの大きな違いに，年長の子どもたちはとても驚きました。そこで，なぜ保育者はS君の走る距離を短くしたいのかをもう一度話し，年長の子どもたちで再度考えた結果，とうとうS君は皆より短い距離で参加することになったのです。

　集団生活のなかでは，「みんなと一緒」を求められることが多くあります。しかし，一人ひとりの子どもたちは皆違います。違いを認め合うことが大切だと思います。日々の生活を十分に積み重ね，十分に自分を出し，互いのことを知り合うなかで，その違いを認め合っていくものだと思います。Uちゃんやクラスの子どもたちの「休んでて」ということばは，一見S君を排除するような表現ですが，まずは「負けたくない，くやしい」という思いも隠さずに表現できる保育環境や雰囲気を大事にしたいと思います。保育者が子どもたちの思いを受けとめ，ともに考え，認め合う経験

を積み重ねたいと考えます。S君の例のように，皆と違う方法や参加の仕方が，クラスの皆，まわりの子どもたち，保護者たちとつくるインクルーシブ保育が大切だと思いました。

コメント

　障がいのある子のいる保育では，「運動会」で悩ましいことがよく起こります。運動会の時期に，普段の保育ではあまりない「勝敗」や「競争」があるので，それによる「問題」が生じます。運動会で勝敗や競争が本当に必要かどうかを考えてよいと思いますが，ここでは，このS君の例からみてみましょう。

　S君は足の動きに障がいがあります。用具を使って歩ける程度の移動能力です。ですから，クラス対抗リレーでのS君の参加の仕方が焦点になります。まず，ほかの子と同じようにリレーに参加すると，このクラスは競争に勝てません。子どもたちのなかから，S君は参加しないで見ていればいいといった発言も出て，S君は皆のようには参加できなくなります。保育者は「複雑」な思いにとらわれますが，決してS君を不参加にした子どもたちのことを責めません。そして，子どもたちの話を聞いたのです。

　子どもたちのいう，「がんばるが勝てない悔しさ」にも保育者は共感します。その日の結論は，S君が走れるように「訓練」しては，というもの。S君も走る練習を試みます。母親たちもこうした動きにかかわります。保育は，家庭とともにつくられるものとの保育者の考えがあるからです。

　練習後のリレーでも，クラスは勝てません。再度の話し合いをします。勝てないクラスの子どもたちの声には，S君をとがめかねないきつい内容もありました。それでもなお，保育者は子どもたちの声を聞こうとします。すると，S君の真剣なひと言「訓練したけど走れないんだ」で，子どもたちはやっと了解します。S君の真剣な努力と精一杯の力を皆が感じた瞬間でした。

　実際にS君とともに走って走力の違いをわかったうえで，リレーの仕

方を変え，ほかのクラスへのルールの提案を行い，S君バージョンの新リレー方式がやっと成立したのです。皆一致しての，S君も「同等」に精一杯走れる新ルールだと思います。

　子どもがそのままの状態で参加すること，あるいは同列にする条件にして同等に参加すべきなど，「公平」の考えには幅があります。障がいがあるから条件を変えたほうがよいときと，障がいの有無によらず同じ条件で行うときなど，時と場合によって発想を変えることが必要です。リレーの目的は何でしょう。運動会の目的は何でしょう。障がいがあってもなくても，競うことを含め，運動を楽しむには「同列」にするハンデも必要です。一方，障がいがあってもなくても，体を動かして楽しむうえでは，そのままの条件のほうがよさそうです。

3章
こんなときどうする？ Q&A
── ともに理解していくために

保育を行っていて，こんなときどうしよう？　と思うことはありませんか。この章では，そのような保育者の「こんなときどうする？」に答える内容となっています。これらのQ&Aが皆さんが行う保育の答えというわけではありません。インクルーシブ保育に向けた回答の1つとして考えてみました。

事例 1 　保育者の柔軟性が問われる事例
多動で，絶えず動き回る子の場合

　A君は3歳で入園後，半年たっても自分のクラスだけにとどまらず，園内の隅々までせわしなく動き回り，気になったものを見つけては拾い，いくつも持ち歩きました。絵の具をスプレーに入れ，ところかまわずふりかけたり，幼稚園のなかのビー玉を集めて部屋や園庭にまき散らしたりするなど，一見いたずらのようにみえる遊びを思いつくままに行ってしまいます。クラス活動や園全体で行う誕生日会などの集会でも，出し物の裏方など，自分が関心あることがあると我慢できずに集会中でも立ち，歩いて見にいってしまいます。そして納得するまで行動し，注意して連れ戻そうとすると，泣いて大暴れをしてしまうため，集会が中断してしまうことがあります。いろいろなことに興味をもつのはいいことであると思うのですが，動きの激しいA君を追いかける日々が続いてしまうため，クラスの仲間からも"ルールを守らない勝手な子"という目でみられ始めています。このような集団生活の苦手なA君でも，興味関心事が仲間から受け入れられ，仲間として認められるようになっていくことは可能でしょうか。

　保育者にとって困るような行動やいたずらは，集団生活のなかでみんなにとっても「迷惑なこと」ととらえられがちですが，A君にとっては楽しい遊びの1つであるかもしれません。A君を規制して注意し続けては，クラス担任，または副担任や補助をする保育者とA君とのよい関係を築いていくことはできません。ですから，A君の行動は一概に困った行動とはみずに，どんなことに関心があり，どんな思いがあるのかを時間をか

けて観察して理解することです。そうすることが，A君との関係の一歩を築くことへとつながっていきます。規制したりしかったりすることは場面によってはしなければならないこともありますが，その規制としかることをA君に伝えるためには，まずはA君の興味・関心に働きかけ，保育者とともに笑い合えるような遊びの場面をつくっていくことが大事です。

　たとえば，A君が関心があると思われる"ビー玉集め"は，A君はただ集めているだけでしょうか。その理由のなかにはきっと，あちこちに転がるおもしろさや箱のなかなどを転がる音の心地よさ，色の違いを楽しむこと，ふれたときの感触などとさまざまな楽しさを感じているはずです。これらの何を楽しんでいるのかを感じて，その関心に合わせて"ビー玉"を子どもたちの遊びのなかに取り入れてみます。積み木でのビー玉コースづくりや，色や数を使ってじゃんけんでゲーム的に進めていくことなど，保育者はA君が何を楽しんでいるかを感じとるようにかかわります。子どもによっては，はじめは個別的にかかわることが必要かもしれませんが，徐々にまわりの友だちと楽しい雰囲気をつくることで，A君の"困った行動"は，短時間であるかもしれませんが，単純な遊びへとつながっていきます。ビー玉をペットボトルなどに入れた音の出る楽器づくりや転がして点数のついている輪に入れる遊び，ビー玉に絵具をつけて箱のなかを転がす遊びなど，ほかの子どもとともにビー玉をとおして楽しむことができるかもしれません。このような場面では，A君とまわりの子どもたちが同じルールで遊ぶことを，すぐに求める必要はありません。関係を築いてきた保育者が，A君の様子をみながら彼の守れそうな小さな約束（A君が無理なく守れるもの）をして，まわりの仲間の了解を得て進めていくことで，A君が楽しみ，その様子をまわりの子どもたちも感じていくことができます。

　また，誕生日会などの全園児が集まるような集会では，A君が集会中，気になるものがあって立ち歩くであろうと想像されるならば，会場に皆が集まる前に保育者と一緒に気になる物を見ておき（許される範囲で），「今

日は自分の席に座って見る」というわかりやすい約束をします。本人の抑えることが難しい行動を理解したうえで，約束を守らせるということも時には必要です。その約束はA君と保育者だけではなく，全保育者に伝えておき，集会中に多少騒いだり立ち歩いたりしても，さりげなく園全体で見守っていくことが大切です。しかし，決して"約束"することだけが先行するのではなく，まずはよい関係をつねに築いていくためのかかわりを少しずつ積み上げていくことが大切です。A君が仲間に受けとめられているという安心感をもち，やってみたいと思うことをどのようにしたら仲間にいやな思いをさせずにできるのかを，保育者と時間をかけて考えていきます。

このように，1年という時間をかけて"みんなと一緒にやりたい"という思いが芽生え，まわりの仲間とも簡単なルールを守っていくA君との生活をともにつくっていきます。A君の生活のペースやこだわりを認めながらも，同じ場をともに楽しむことから始め，まずは1年間，そして卒園までを見通してその子の成長を見守っていくことが必要と考えます。

コメント

多動で落ち着かない状態であることや，ほかの子どもとのトラブルがあること，集会中の立ち歩きなどから，保育者はA君を「困った子ども」とレッテルを貼ってしまいがちです。

しかし，そう決めつける前に，その子どもの気持ちや関心がどこにあるかをしっかり観察することが大切です。まずは，子どもの起こした行動の前にどんな状況があったのか（行動に起因する刺激，先行刺激ともいいます），何によって行動が引き起こされたのか，どんなことに関心があり，集会中に立ち歩きしてしまうのか，彼の関心はどこにあるのかを観察することです。次に彼の関心のある活動を仲間と一緒にかかわる遊びに展開できないか，仲間と一緒に遊ぶときに守れる簡単なルールはないかなどを探っていきます。困った子どもとみてしまう前に，子どもの立場から行動を観察し

3章 ◆ こんなときどうする？Q＆A

てみることがインクルーシブ保育の第一歩です。

事例 2 みんなとは違う遊びだっていいじゃないか
数字や文字など興味に片寄りが強い子の場合

> 音の出るおもちゃやパズルで遊んだり，積み木や粘土をちぎったり並べたりすることが大好きな4歳児のB君。数字や文字にも興味があって，数字のカードを順番に並べて楽しみます。
> 一人遊びがほとんどでこだわりが強く，自分の並べているカードをさわられると，怒ってパニックになります。また，自分の遊びたいパズルがあると取り合いになってほかの子どもに嚙みついたり，引っかいたりする姿もみられます。「いや」「ばいばい」「やって」などのことばが少しずつ出てきましたが，まだ，泣いたり，大人の手をとって要求したりすることが多くみられます。友だちと一緒の活動は難しく，クラスでA君が落ち着けるように，好きなおもちゃを置いてコーナーをつくりましたが，長い時間はそこにとどまることはできず，園庭のアスレチックのところにいる姿もよくみられます。
> このようなB君がクラスの仲間のなかで一緒に楽しんでいくためには，どのように保育を工夫したらよいでしょうか。

B君は少しずつ人への関心も出てきているようですが，友だちと一緒の活動はまだまだ難しいように思われます。自閉傾向が強く，行動や遊びに"こだわり"がありそうであれば，それらを「やめさせる」とか「なくそう」とか考えるのではなく，その楽しみにしているこだわりに寄り添うことも考えてみましょう。たとえば，数字の何に興味があるのか，どのよう

に楽しむのかを保育者が知っていくことが大切です。そして，クラスの仲間が集まる場で，保育者がB君の好きそうな数字を使った手遊びや歌をパネルシアターなどを使って始めてみたらどうでしょうか。B君が興味をもったら，みんなの前で歌に合わせて体を動かすこともできるかもしれません。こうすることで「B君，すごいね」「B君はいつもこの歌を歌うときにニコニコしているね」と，クラスの友だちが肯定的にとらえていくことができるようになります。このようなちょっとした時間を機会があるごとにつくっていくことで，B君もクラスの仲間と楽しめる場面が増え，まわりの子どもたちもB君のことを知るきっかけとなるのではないでしょうか。

　クラスの友だちと同じ活動をさせたり一緒に遊ばせたりしようとする保育をするのではなく，B君の存在を自然と子どもたちに浸透させ，保育者がクラスのなかで先頭に立ってB君の存在を認めていくことの積み重ねをしていくことが大切です。物の取り合いなどが生じたら，たんねんに「貸して」などと保育者とともにB君にも言ってもらいながら，かかわり方を学んでいきます。問題が起きてから追いかけるように「いけないよ」と伝えることに必死になるばかりでは，子どもは学びとっていけません。自分の行動や遊びを自然に認めてくれる保育者や友だちを感じることができる安定した生活のなかで，時間をかけて仲間やクラスの存在を感じとっていくと思います。

コメント

　遊びや関心にこだわりがみられる子どもの場合は，その子どもの遊びを無理にやめさせようとはせずに，むしろその子どもの遊びを取り入れたクラスの仲間との遊びに展開できないかを検討します。B君は，自分の好きな遊びに夢中になっていることで安心しています。遊びを保証されたなかで，安心して幼稚園の生活を過ごすことができます。保育者は，B君の遊びを認めることで，クラスの仲間もB君を認めていくことができます。

この場合は、数字や文字に興味をもつB君の遊びをクラスの仲間で行うことで、B君も認められた安心感から、クラスにも居場所を感じるようになっていきました。

事例 3 "その子"に合わせた遊びと場をつくる
自分から遊びや友だちのなかへ入っていかない子の場合

Cちゃんは、入園2年目の年中児です。入園前、数回の入退院を繰り返し、また弱視であることがわかってメガネを使用し始めました。

意欲的に活動に参加することは少なく、朝の仕度などは一つひとつ保育者が声をかけないと進まず、誰かに振り向いてもらおうという意識もないように立ち尽くしている状態です。また、遊びや友だちへの関心も低く、自分から遊びたいことを見つけて過ごすことはありません。表情も乏しく、あまり自分の思いや感情を表現することはないように感じます。

年中になった当初は、新しいクラスや担任、友だちが変化したことの緊張からか、自分からまわりの友だちや遊びに対して働きかけることはできないようでした。半年たった今でも、自分1人で何かをしようという動きはなく、人の多さやまわりのスピード感に圧倒されるようで、Cちゃんにとっては幼稚園のクラスという場や集団が大きすぎるようにも感じています。年中児となり、友だちと積極的にかかわり遊んでほしいのですが、どのように遊びの場をつくっていけばよいのでしょうか。

まずは、Cちゃんの様子を日々の生活のなかからしっかりと観察してみ

ましょう。本当にCちゃんは，自分から友だちとかかわりたいという気持ちはないのでしょうか。同年齢同士のかかわりはみられないかもしれませんが，もしかしたら年下の子やおとなしい子への関心はあるかもしれません。同年齢にこだわらずに，遊びや生活を楽しめるように考えてみましょう。

　自分から「入れて」「やりたい」とことばにして言えなくても，何か小さなサイン（表情や動きなど）を出しているかもしれません。そっとそばに来てたたずんでいたり，つくっている友だちのそばでじっと見ていたり，同じような材料を手にしているなど，"気持ちや思い"の出し方はさまざまですが，そのサインのなかにCちゃんの思いを感じとることが大切です。その"思い"を感じとり，コーナー活動（自由遊び）の時間などにCちゃんの興味や関心に合わせた意図的な遊びやグループ，場の設定を試みてみるのもいいでしょう。

　Cちゃんがリラックスして楽しむために，人数や年齢などを考えて保育者がリードして遊びを楽しむこともよいかもしれません。3，4人の友だちのなかでまわりの友だちの活動の様子や笑う表情をみているうちに，無意識のうちに自然と力が抜けて楽しみ始めることもあるのではないでしょうか。そのためには，状況ごとに遊びやメンバーを考えて工夫していくことが大切です。固定したグループをつくって決まりごとのように遊ばせようとするのではなく，あくまでもCちゃんが楽しむために自然とその場でつくられていく仲間であり，遊びの様子により流動的に変化していくものであると思います。わらべ歌やリズム遊びなど，心も体もリラックスするような遊びや，年少だけの3，4人のメンバーと一緒に走り回る鬼ごっこのようなものなど，簡単で具体的なイメージをしやすい遊びの繰り返しを何度も行ってみます。その場は，子どもたち数人しかいないような静かな場所であり，子どもたちと保育者だけが楽しんでいる，ある程度の閉鎖的な場所・時間という雰囲気が大切です。そして，先生がつねに自分を支えてくれていると，Cちゃんが実感できていることが重要になります。

3章 ◆ こんなときどうする？Q&A

このようにある程度意図的につくられた場でのさりげない活動を，ある期間繰り返していくこともよいのではないかと思います。

コメント

　自分からほかの子どもにかかわったり，遊びに関心を示したりしないCちゃんですが，Cちゃんが興味・関心を示す遊びや子どもをじっくり観察しましょう。表すサインは少なくても何か興味・関心を示すことはあると思います。そして意図的に，Cちゃんと年少の子どもたち数名と遊ぶ場をつくることもいいことです。Cちゃんが楽しいと感じる場や雰囲気を繰り返し経験することで，Cちゃんもクラスの子どもに関心を示すことがでてくると思います。

事例 4　食べる意欲は仲間との生活から
「食べる」経験が乏しかったが，食べられるようになった子の場合

> 　D君は年少児。家庭での食事に極端に偏りがあります。園でのお弁当の時間では，「冷たいご飯は食べたくない」とひと口も食べようとしません。少しだけでもと，いろいろと誘ってみても，泣くばかりで，パニックになることもありました。今までの「好きな物を好きなだけ食べる」という生活から，すぐに切り換えることは難しいようです。D君の今後の友だちとの関係など成長面を考えてもこのままの食生活では心配です。園でも友だちと一緒に楽しく弁当を食べられるようになってほしいと願っています。どのようにかかわっていけばいいでしょうか。

　年少児のD君は入園して間もないのでしょうか？　弁当以外の生活の

様子はどうですか？　先生やお友だちとの遊びが楽しくなってきたでしょうか？　一般に家庭での食生活は各家庭で方針に差があり，子どもの成長を考えると望ましいものばかりではないかもしれません。けれども家庭や保護者としての方針を一方的に直してほしいと，批判的に伝えても反発されたり信頼関係を損ったりすることもあります。

　まず，園でできることは何かを考えましょう。その子が楽しんでいるよい姿を見つけ，徹底して受け入れるなど，保護者とよい関係を築くことのほうが大切です。体を使って楽しく遊ぶようになると満足し，お腹がすくようになるかもしれませんね。いきいきとした園での様子を家庭に伝えることで，母親自身が家庭での方針も見直してみよう，と思ってくださるようすすめていきたいものです。

　D君とはタイプは違いますが，本園での事例をご紹介します。

　E君は生まれつき心臓が弱く，入院生活が長く続いたため，一般の子どものように食べ物を口で味わって食事をする経験がほとんどありませんでした。鼻から胃に通したチューブで栄養をとっていました。3歳児の頃ははじめての集団生活のため，病気に感染しやすく長期欠席も多かったのですが，4歳児へ進級するとE君なりに自分のことを自分で行ったり，保育者のそばを離れていろいろなところへ探索に出かけたり，園生活を楽しみ始めました。

　当初は，弁当は「普通食」で，おにぎりなどを持ってきていました。しかし，噛むことや飲み込むことが難しいため，ほとんど食べずに残します。けれども，友だちと料理をすることにはE君は興味を示し，保育者のそばで一緒に料理の一部をやってみる姿がありました。そこで遊びのなかで料理したものを"お店屋さんごっこ"で売ろうと販売コーナーをつくってみると，E君は自分から何度も買いにいくほど楽しむ姿がみられたのです。その姿を母親にも伝えました。1学期を終えた頃，病院の方針で「普通食」からE君が食べやすい「流動食」へと，変更をすることになりました。

3章 ◆ こんなときどうする？Q＆A

　流動食はいわゆる離乳食の初期にあたるペースト状でした。園の冷蔵庫で保管し，食べるときに温める条件でしたが，園としては，これはE君にとって食べることへの大切な第一歩と考え，積極的に取り組むことにしました。はじめはスプーンですくうことや，ひと口飲み込むこともゆっくり行っていました。しかし，以前のおにぎりをなめるだけのときよりも，のどを流れる粥(かゆ)の温かさやペースト状のカレーの味も感じながら，仲間とのお弁当の時間をとても喜ぶE君の姿をみることができました。まわりの友だちも「E君，カレーなんだね。おいしそう」「今日は全部食べられたね」と一緒に喜んでくれます。すると，ますますE君の食欲が増し，しだいにスプーンで食べ物をすくうことや，飲み込むことも上手になっていきました。

　その後，園での様子を母親が病院に報告したところ，液体の栄養剤の補給を条件に，とうとう鼻のチューブをとってよいことになりました。チューブがなくなると食べ物ものどから通りやすくなります。「今日はE君が一番に食べたね」とクラスの友だちに拍手され，E君が得意な顔をする日も出始めました。E君にとって，お弁当の時間はさらに楽しい時間になっていきました。

　園では，冬は温蔵庫に弁当箱を入れて温めます。皆の弁当箱を運ぶ年長児の仕事を見て，E君も「僕も運ばなくっちゃ」と張り切ります。また，盆を持って友だちと階段を昇り降りする姿もみられるようになりました。それまで何かとやってもらうことが多かったE君にとって，これは大きな変化でした。友だちと遊ぶなかで幼稚園での生活が楽しくなり，食事も変わったE君。鼻のチューブがとれたことは，生活を送るうえでも大きな変化となりました。

　E君の場合は，医療的な立場からの助言も大切にして家庭と連携をとり，食事面を含めてその子がその子らしく仲間のなかで育っていけるように，保育者としてできることを考えていきたいと思います。

コメント

集団生活のなかで，食習慣や食事内容，食事の仕方などが話題になることがあります。弁当や給食をうまく食べられない，偏食がある，ほかの子と一緒に食べられない，場になじめない，手づかみになる等々です。障がいのある子の場合には，背景にあるその子の独特な味覚，集団での経験，また家庭の食経験・食習慣の影響などを考えます。

E君は入院によって，経口の普通食経験が極端に乏しかった特有の例です。期間はかかりましたが，経過からわかるように，経口の流動食となり，その後，鼻からのチューブもとれ，友だちと楽しめる食事になると一気に事態は好転します。質問の例のように，家庭での食経験からくる食の偏りでも（食習慣以外にその子の味覚や感覚の問題もありそうですが），①少しずつ食べやすい条件で食べることを重ねたり，②友だちや保育者とのくつろいで楽しい関係を築いたりするなかで，食事をみていくことが大事です。ポイントは少しずつ，ちょっと気長に，楽しい関係です。

事例 5　クラスにその子の"居場所"をつくる
友だちに興味を示さず，自分1人で遊ぶ子の場合

> 園生活2年目の年中男児のF君。自閉傾向がみられ，なかなかクラスでは落ち着きません。集団での活動を無視するかのように，興味のあるところへ1人で自由に歩き回って過ごします。ことばでの簡単なやりとりはできますが，自分の気持ちをうまく伝えられずにいます。担任には「○○先生」と抱きついてきたり，また足をぶつけて痛いときなど，ひざの上に甘えてきたりと，よい関係もでき始めています。機嫌のよいときは，笑顔もかわいく人なつっこいF君ですが，自分の思いどおりにならないと泣いて大騒ぎになり，気持ちを落ち着

かせるのには時間がかかります。

　文字や英語，数字，記号には，とても興味・関心があり，満足するまでホワイトボードに1人で描き続けます。積み木のドミノ倒しや，歌や音楽も大好きです。繰り返し聞いたり，気に入った歌を口ずさんだりします。好きな遊びはこのような様子ですが，ほとんど一人遊びです。クラスの友だちとかかわりをもってほしいと願っているのですが，なかなか糸口がみえてきません。幼稚園としてどのような保育ができるのでしょうか。

本園でも同じような子どもの事例がありました。ふらふらと園を歩き回り，保育者にはつかみどころのないGちゃん（女児）という子がいました。私たちは，Gちゃんにとって居心地のよい場所とはどこか，また今，何に興味関心をもっているのか，またどんなときに大声を出して自分のコントロールができなくなるのかなど，Gちゃんと向き合い，Gちゃんを知るところから始めました。

　まず，保育者がGちゃんにとっての居場所の1つになるべきではと考えました。こだわりと思える文字や記号も，そばに寄り添って好きな遊びを保育者がともに楽しもうとすると，今まで見えなかったGちゃんの興味にも保育者なりに共感することができ，同時にGちゃんのかわいらしさも知ることができました。パニックのときは，園庭わきのテラス等で保育者のひざの上にのせました。歌いながらGちゃんが落ち着くまで保育者はつきあうことにしました。困ったときに受け入れてくれる保育者の存在も，Gちゃんには園のなかの大切な居場所では，と考えたのです。

　次に，Gちゃんも落ち着いて過ごせることを願い，クラスのすみに遊び用の小さなコーナーを設けました。そこには，Gちゃんの好きなホワイトボードやサインペン，積み木，パズル，絵本（1，2冊），木琴，CDデッキなどを置いてみました。そして，Gちゃんの興味や時期に合わせ，

少しずつ品物を置き換えました。Gちゃんは1日数回，時計のそばにあるそのコーナーに立ち寄り，短い時間ですが座り込んで過ごします。しだいに，Gちゃんが楽しめる居場所となりました。同時に，クラスの子も自然とそのコーナーで遊ぶようになりました。時にはほかの子と品物の取り合いにもなりますが，Gちゃんは近くの絨毯まで積み木を持ち出して，皆とは別に，好きな遊びをして過ごす姿もみせるようになりました。このコーナーのような，ちょっとした場があれば，Gちゃんとクラスの友だちも互いに存在を感じられます。毎日繰り返すことで，少しずつ誰もが違和感なく落ち着くことのできる場になっていったように思います。

　Gちゃんとクラスの仲間たちがふれあいながら落ち着ける居場所づくりとして，Gちゃんの大好きなリズム遊びをする時間も設けてみました。みんなで歌いながら「幸せなら手をたたこう」や，誰もが親しみやすいわらべ歌「あぶくたった」などをします。保育者がリードして，Gちゃんを入れて遊びます。「煮えたかどうだか食べてみよう，むしゃむしゃむしゃ」と仲間に体中をくすぐられ，Gちゃんは笑顔で逃げ回ります。「Gちゃん，待て待て」と，皆が繰り返す遊びをGちゃんはとても喜びました。単純な繰り返しの歌遊び，ふれあい，追いかけっこなどをする際にはいつも，子どもたちとのかかわりを楽しむ表情が，Gちゃんにみられるようになったのです。「今日もGちゃんを追いかけよう」と関心を示す子もみられ始めました。

　こうした，その子にとって心地よい居場所づくりをとおして，保育者や子どもたちが，さらにその子を受け入れるようになってほしいと思います。何より保育者がその子とその子らしさを受けとめ，かわいいと思えること，その保育者の姿勢は，きっとまわりの子どもたちに自然と伝わるものと思います。まわりの子どもたちも変化して成長するなかで，どの子にもよい園生活になるものと思うのです。

3章 ◆ こんなときどうする？Q&A

コメント

　幼稚園や保育所では、一人遊びや1人で過ごすことが多く、またパニックなどの気持ちの混乱もある、いわゆる自閉症の子たちを、時にみかけます。幼稚園は友だちと遊び、集団で生活する場ですから、何とか自閉症の子たちもみんなと一緒に過ごせないか、子ども同士の関係が育たないかと考えるのも当然です。しかし、自閉症の子どもたちの場合、みんなとなじんだ関係がなかなかできません。

　回答にあるように、その子の今の様子から、手順を踏んで進めば、しだいに子どもたちとの取り組みも増すはずです。ここでの例では、まず保育者が少しずつ一緒にできることを繰り返しました。また保育者もその子と気持ちを通わせる過ごし方に留意していきました。次には、自分から遊び始めやすい場、機会を設けました。遊ぶうちにほかの子も何となく一緒のスペースで取り組んだり、保育者とほかの子も一緒に遊ぶ身体遊びを繰り返したりしました。その子は、その場所で、好きな遊びが（時に保育者を仲立ちとして）できるわけです。そして、そこにたまたまほかの子もいて、同じような場や活動で過ごすことになれば、その場はいつしか子どもたちのかかわりも生まれる場になるというわけです。

　その子の興味や遊び、ペースや持ち味から始めること、そこに保育者やほかの子が加わるようにしていけば、一人遊びが多かった子にも、自然にほかの子とのかかわりやほかの子との生活の広がりもできていくのです。

事例 6　1人の子からも始まる子ども同士のかかわりの広がり
気持ちを感じとりにくい子の場合

Q　Hちゃんは発達障がいがあり、気持ちをことばで表現して伝えることが難しい子です。大人とのかかわりをよく求めますが、その方法は

大人に近づいてきて手を引き，何か要求するといった具合です。歌が大好きで，歌い始めると両手で保育者の手をとって「手拍子をして」とせがんできます。保育者もせがまれるとうれしく，気持ちが通じている感じがするのですが，Hちゃんはそれで喜んでいると思うと突然，不機嫌になります。泣き叫んだり，床や地面にあごを何度もたたきつけたり，自分や人を嚙んだりします。そのたびにクラスの活動をやめて，Hちゃんにかかわらざるをえません。Hちゃんのせいで流れが止まってしまいます。ほかの子どもたちもHちゃんが歌を好きなことを知っていて，一緒に歌って楽しい場だったのが，急にHちゃんは泣き出すので楽しい雰囲気も変わってしまいます。

　Hちゃんにまったく関心を示さない子もいます。保育者もHちゃんの気持ちをわかってあげられないことが多いのです。そのため，Hちゃんへの理解や関心もほかの子に広がらない感じがしてなりません。子ども同士で一緒に楽しめないまま過ぎていきます。クラスでどうHちゃんを受けとめればよいでしょうか。保育者としてHちゃんとどのように向き合うことがよいのでしょうか。

　本園にも，Hちゃんに似た，Iちゃんという子がいます。やはり，ことばで表現することが困難で，Iちゃんの気持ちをわかってあげられないことがよくあります。担任としては，Iちゃんの母親とのコミュニケーションを大切にしています。Iちゃんの家庭での様子を聞き，保育者間で情報交換します。母親の話から，Iちゃんは歌や音楽に合わせて体を動かすことが好きということがわかりました。そこで，ちょっとした時間に歌や手遊びをとおしてかかわるようにしてみました。すると，「先生，何してるの？　私も一緒に歌う」とクラスのほかの子どもたちも一緒になって歌や手遊びをするようになりました。Iちゃんもとくにいやがらず，その場を楽しんでいました。子どもたちもIちゃんが好きな歌や遊びがわかったの

で，しだいに保育者がいなくても，Ｉちゃんの顔をのぞき込みながら一緒に歌う姿が多くみられるようになっていきました。
　しかし，Ｉちゃんは相変わらず，気持ちをうまく出せないと大泣きをします。そんなとき，保育者はＩちゃんと一緒に保育室の外に出て，Ｉちゃんが落ち着くまで待つことになります。クラスの子どもたちは，その姿を目にしても知らん顔で，何もないように過ごすことがたびたびありました。そんな姿に，保育者は何ともいえないさびしさと違和感を感じました。
　そんななか，クラスに１人，Ｉちゃんに興味をもっているＪ君という子がいました。いつもＩちゃんが帰るときは一番に飛んできて，「Ｉちゃん，バイバイ。また明日ね」とほっぺたをさわりながらことばをかけています。保育者はＩちゃんと自然にかかわるＪ君の姿がうれしく，「Ｊ君，ありがとう。Ｉちゃん，うれしい顔をしてるね」と言いました。Ｉちゃんも喜んでいるだろうという思いを伝え，共感するようにしました。Ｊ君は帰りの場面だけではなく，Ｉちゃんが段差を自分１人で下りたとき（小さな段差でも神経を集中させ，時間をかけて移動している），また歌を一緒に歌えたときなどにも，自分のことのように喜びます。保育者もこの様子をみて，とてもうれしく思いました。
　12月のページェント（キリストの降誕劇）では年長児たちがおごそかに劇を演じます。Ｉちゃんが泣いたらどうしようと保育者は心配でした。Ｊ君に隣に座ってもらい，保育者もできるかぎりの対応を試みました。しかし実際は，保育者の心配とうらはらに，Ｊ君が小さい声でＩちゃんの好きな歌を歌い，さらに年長児の歌に合わせ，一緒に手をとって手拍子もしてくれました。「次は〜が始まるよ」と説明をし，Ｉちゃんに見通しをもたせてくれたおかげで，Ｉちゃんは劇の最中も，子どもたちのなかで落ち着いて過ごすことができました。
　その後，Ｊ君のかかわりについてクラスのなかで話題にしました。すると，まわりの子どもたちにもＩちゃんを意識してかかわるような変化が起きたのです。Ｉちゃんが大泣きしたときでも，「お腹すいているからじゃ

ない？」「違うよ，歌ってほしいんだよ」などの声が聞こえてきました。Iちゃんの思いを子どもたちなりに察する様子がみえてきたのです。

3学期には，水族館へのお別れ遠足がありました。高いところからでしか見えない展示もありました。すると，子どもたちは，「Iちゃんと一緒に見たいから，エレベータを探してくる」と走り出したのです。「あったよ，一緒に上まで行こう」とIちゃんを誘います。目の前で，大きな魚をニコニコしながら見ているIちゃんの様子に，「あっ，笑ってる。やっぱり，みんなで来れてよかった」と話す子どもたちの姿がありました。保育者は子どもたちに支えられ，子どもたちから学ぶということをIちゃんのエピソードから感じることができました。

コメント

　思いや気持ちがつかみにくく，そのうえ気分が変わりやすいような子では，子ども同士の関係を築きにくく，広がらないことがあります。その子の思いをなるべく察し，気持ちを通わす関係が少しずつでも広がる取り組みができたらと思います。

　Iちゃんの場合，保育者がまず一緒に遊び，それが仲立ちとなって子どもとの関係がしだいに生まれます。しかし，それはまだ薄い関係として推移したようです。そこにIちゃんにとても関心をもつJ君が現れます。山場は，みんなが静かに参加するページェント。J君がIちゃんと楽しく過ごすことができ，これをきっかけに，今度は子どもたちとIちゃんとのかかわりが広がっていきます。ある子とのあいだで認め合う関係ができていけば，それは子どもたち同士の関係の広がりにも結びつきそうです。関係が広がれば，やはりその子の園生活もより楽しいものとなります。たった1人とのあいだでも，密なかかわりができていけば，それはほかの子との関係にも広がるかもしれないということを思わせる事例です。さらに，保育者がそれらを支えることがあってもよいはずです。

3章 ◆ こんなときどうする？Q&A

事例 7 "そのままの姿"を
受けとめるために
母親と一緒に考えていく場をつくる

Q

　年少3歳児のKちゃんは，絵の具を手で混ぜたり，のり貼りをしたり，感触遊びが大好きで汚れも気にせずに繰り返し行っています。Kちゃんから保育者に家のことをよく話してくれます。しかし遊びになると，友だちとのやりとりがみられず，ちょっかいを出してはその反応を楽しむように逃げていくことを繰り返しています。クラスの友だちはKちゃんに対して"いたずらばかりする子"というような印象をもち始めています。

　母親は，Kちゃんのいたずらが気になるのか，一つひとつの行動に対して「～しちゃだめでしょ，～して」と細かく注意をしているのですが，まったく聞いている様子はみられません。また，絵本を読んでもらうときや集会の話も，座ってじっくり聞くことができませんでした。家庭でも，絵本を楽しむ以前に絵本を破っては母親の反応をみて楽しむ様子がみられます。

　母親はKちゃんとじっくりかかわって楽しむことが難しいようでした。母親は，Kちゃんの子どもらしい行動に向き合うことができません。Kちゃんが母親の気を惹こうとしていたずらをし，それを母親が注意するというやりとりが繰り返されています。このようなKちゃんの姿を母親やクラスの仲間が受けとめ，よいかかわりを重ねていくためには，何をすべきでしょうか。

母親のKちゃんに対するかかわり方が気になるかもしれません。しかし，それを母親にストレートに伝えても，問題の解決にはならないでしょう。今まで積み重ねてきたKちゃんとのかかわりを急に変えることも難しいと思います。まずは，母親が保育者に，何でも相談できるような関係をつくっていくことが大切でしょう。家庭での生活でかかえている，母親の不安や悩みはないか，そのような思いをしっかりと聞くことが必要です。

　Kちゃんはじっくり絵本を楽しむ機会がないようです。迎えのときなどに，Kちゃんと母親と保育者が一緒に絵本を読む時間をとってみてはどうでしょうか。最初は保育者が，幼稚園で読んでいるように静かな場所で保育者のひざに座らせ，Kちゃんが集中しないようでもあわてずに何日かそれを繰り返し，その姿を母親にみてもらうことが必要でしょう。そして，ゆっくりとした時間のなかで，園の様子を伝えたり，家庭での様子を聞いたりするような相互の貴重な時間をつくり，子どものことに関して何でも話せるような関係になっていくことが望ましいでしょう。

　また，母親1人でかかえ込むのではなく，保育者と母親の関係づくりを並行し，子育ての難しさや不安を話し合えるような，同じ悩みをかかえている仲間との交流を促して，Kちゃんと向き合えるようになっていくきっかけをつかめたらよいと思います。

　母親は「みんなと同じように行動できるようになってほしい」という必死な思いから，子どもの"その子らしさ"を受け入れることができず，「子どもの行動を変えよう」と力が入りすぎて苦しむ場合が多いようです。同じ悩みをかかえている仲間をつくることは，母親の入り過ぎた力を抜いて子育てを楽しめるようになるためで，今現在の子どもの"そのままの姿"を受けとめていくことを母親たちと考えていく場をつくることも，園で大切に考えていかなければならないことであると思います。

コメント

　絵本を破いてしまう，友だちにちょっかいを出す，などの行動から，K

ちゃんは"いたずらっ子"という印象をもたれてしまいます。しかし、「ちょっかいを出すことが悪い」と注意するのではなく、何らかのきっかけがほしくてそうさせていて、それがKちゃんなりの表現方法であり、その行動のなかにある思いや意味を保育者や保護者が見つけ、理解してあげることが大切です。

遊びのなかで友だちとのやりとりがみられないということですが、大好きな感覚遊びを一緒に行い、クラスの友だちとともに活動する場面をもたせてあげることでかかわり方が変わっていくかと思います。

一人ひとりの子どもにそれぞれの表現方法があります。それを保育者や保護者が受け入れて見守ることが、子どもたちにとって安心して過ごせる保育の場であると考えます。

事例 8 子ども同士の気持ちを伝え合う
――一方的な子の友だちとのかかわり

　　L君は年長男児。園生活も3年目となり、それまでは自分の世界で1人で遊ぶことが多かったのですが、少しずつ友だちへの関心をもち始めました。L君はこだわりが強く、思いが通らないと大きな声で泣いて大騒ぎをすることがありますが、まわりの子どもたちも年長になり、L君のそのような姿にも少しずつ慣れて動揺することもなくなりました。そして、大騒ぎが落ち着いたら活動に誘うようなかかわりをする友だちもみられるようになっています。

　　ところが最近、L君が年長女児を追いかけて楽しむようになり、はじめは鬼ごっこのように楽しんでいた女の子たちも、しつこくされていやがるようになってしまいました。

　　L君には友だちとのかかわりを楽しんでほしいと保育者は願っています。一方的なかかわりや自分の思いだけで行動するのではなく、相

> 手の思いを察して気づいてほしいと思うのですがうまくいきません。幼稚園として，L君にどのようなかかわりをもてばよいのでしょうか。

A 自分の世界で遊んでいたL君は，大騒ぎをしながらも友だちのなかで受け入れられることで園生活が楽しいものになっているように思います。友だちを追いかけることも人への関心としてうれしい姿ですが，かかわり方が一方的で相手がいやがっていることがわからないのかもしれません。まずは，相手の女児のいやだという気持ちをL君に伝える場面を保育者と一緒につくっていくことが重要です。保育者は，いつ，どのような場面でも，子どもの思いを出せる場や思いを受けとめる姿勢をもっていることが大切です。

さらに，大人から注意をされるよりも，自分の好きな友だちから直接いやな理由を伝えられるほうが，L君が感じる受けとめ方が大きいと思います。ぜひ子ども同士が気持ちを伝え合うことができるように，保育者はそっと見守りながらも必要な手助けをしていきたいものです。

また，わらべ歌や簡単なルールのある遊びを数名の仲間で繰り返し楽しむということも，このような子どもにはいい経験となる場合があります。わらべ歌遊びには単純なことばのやりとりや心地よいメロディーなどがあり，そこにいる仲間と気持ちを1つにして皆で楽しめるというよい点があるように思います。たとえば「ことしのぼたん」というわらべ歌では，「入れて」「だめよ」「じゃあ，棒でぶつよ」などの普段の生活のなかでは，よい言い方とされないようなことばを使ってルールのある遊びをすることで，仲間と屈託のない子どもらしいかかわりを経験し，楽しみを友だちと共有することができます。

3章 ◆ こんなときどうする？Q&A

コメント

　自分の考えや思いをとおしたがる子どもは，わがままのようにみられがちですが，ルールや決まりごとが理解できておらず，自分の思いをありのままにぶつけているだけなのです。

　L君と他児のどちらに対しても保育者が一方的にかかわることなく，L君と他児の思いに添って，互いの気持ちを伝え合えるように保育者は手助けをしていきます。そして普段の遊びや生活のなかで，クラスの仲間とさまざまな経験をし，簡単なルールから覚えるようにすることで，無理なく楽しみを共有できるようになっていきます。

事例 9　生きた経験から学んでいく保育の力
自分の気持ちを，瞬間的に行動で表す子

　年中男児のM君は，年少児で入園した当初からことばが不明瞭で，言語でのコミュニケーションがとりにくく，会話が成立しにくい面がみられました。自分のやりたいことや興味のあることへの思いが強く，その思いが相手に思うように伝わらないと，他児に嚙みついたり，ひっかいたり，手が出てしまったりすることが多くみられます。自分のほしいものがあると，ことばで要求する前に相手から強引にとったり，そこで相手が「だめ！」などと抵抗すると，瞬間的にたたいたり，嚙みついたりするので，保育者も止めることが難しい状況です。手を出す前に対応しようとするのですが，M君の行動がすばやく，たたいた後で対応することが続いてしまっています。

　また，気になることがあるとすぐに確かめないと気がすまないらしく，クラス活動中でも急に部屋から出ていったり，フラフラと動き回ったりすることもよくあります。M君は集中できずに，クラス全

> 体への指示では理解できないことが多いため，個人的に声をかけながらかかわることが必要です。まわりの子どもは，「また，Mちゃんがやった」などと否定的にとらえ始め，ますますかかわりが難しくなってきています。クラスのなかでどうM君に対応し，クラスの仲間としてみていったらよいのでしょうか。

　ことばでのコミュニケーションが難しい子の場合，ことばで伝えるより，たたいたり嚙んだりして自分の気持ちを伝えようとします。たいていは年齢の小さい子どもにはよくみられ，言語面が発達してくるとだんだんと減ってきます。M君の場合，年中児ではありますが，まだことばでのコミュニケーションがとりにくいということから，まずM君の気持ちや思いを保育者が理解し，ことばに置き換えてあげることを丁寧に繰り返してあげましょう。問題行動を止めようとして，「また，嚙むのではないか」という気持ちでそばにいると，保育者の表情や態度から本人にもまわりの子どもたちにもその気持ちが伝わってしまうものです。

　たたかれたり嚙まれたりすると痛いし，「またやられたらいやだ」「怖い」という相手の子どもの気持ちに寄り添うことも大切です。たとえば，「Mちゃんは，お話がまだ上手じゃないから，たたかれても我慢してね」と保育者に万が一言われた場合，どんな気持ちになるでしょう。大人側からはM君のことを理解してもらおうとしているようにみえますが，言われた子どもは「いやだけど我慢しなくちゃ」と思います。いやな気持ちや怖い気持ちを我慢して，M君のことを嫌いになっていくことも考えられます。「先生がわかってくれる，助けてくれる」そんな思いをもって安心して生活できるクラスであることは，園生活においてとても大事なことです。

　今後，思いをうまく伝えられないと，一番苦しくなるのはM君自身でしょう。毎日の生活でうまく伝わらないもどかしさを感じていくとも思わ

れます．砂や土，粘土，水，動植物，水彩絵の具などの全身を使った感触遊びなどを意識的に取り入れ，クラスの皆と一緒に楽しみ，緊張をほぐしてリラックスできる環境をつくってあげることによって，ことばや思いは自然と生まれやすくなることでしょう．体を十分に使ったさまざまな経験をとおして，M君が友だちの思いを感じとって学んでいくことを期待しましょう．

コメント

　すぐに手を出してしまう子は，まわりの子どもたちからすると近寄りがたい存在となり，避けられてしまうことが多くなります．「暴力的な子」という印象を取り除き，クラスの仲間がM君のことを認め，ともに園生活を送っていくためには，まず保育者がM君の行動を理解してことばに置き換えてあげることが重要です．その思いを保育者が一緒にまわりの子に伝え，まわりの子の思いも同様にM君に伝えます．保育者は，どちらか一方にかかわるのではなく，互いの気持ちをわかるように伝え合う手伝いをすることで，仲間意識が生まれて認め合えるようになります．双方の思いを理解してかかわってくれる保育者の存在が，園生活を安心して送るうえで大切になります．

4章
障がい児保育から
インクルーシブ保育への道のり
―― 葛飾こどもの園幼稚園の歩んだ過程

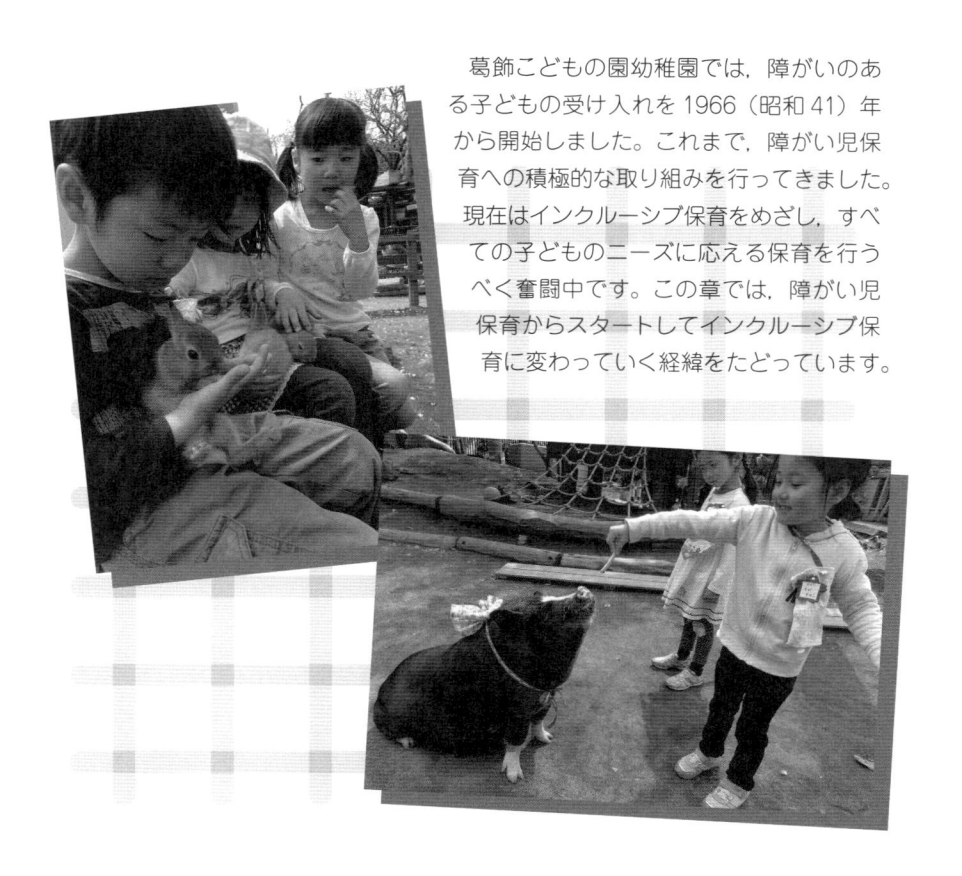

葛飾こどもの園幼稚園では，障がいのある子どもの受け入れを1966（昭和41）年から開始しました。これまで，障がい児保育への積極的な取り組みを行ってきました。現在はインクルーシブ保育をめざし，すべての子どものニーズに応える保育を行うべく奮闘中です。この章では，障がい児保育からスタートしてインクルーシブ保育に変わっていく経緯をたどっています。

1節 園の保育の始まり

　本園（葛飾こどもの園幼稚園）は，東京の下町の葛飾区でも，町工場の多い地区にあります。園としての始まりは，教会の設立に端を発します。時は第二次大戦後のベビーブーム。幼稚園激増の時期でした。教会附設の幼稚園（1954年）としてスタートし，その後，葛飾こどもの園幼稚園（1956年）として正式に開園の運びとなりました。

　集まった数名の子どもとともに，園として次の3つの方針を立てました。

　①キリスト教主義のもと，生命を大事にする保育
　②自然を愛し，自由な遊びを中心とした保育
　③平和をめざし，誰もが入園できる幼稚園

　これは，今日の本園のあり方にも通じる3点です。

　実際には，いつでも誰もが園の活動に参加できることを思い描き，「自由な遊び」の場を設けたのです。子どもたちが絵を描くための紙，クレヨンなどを用意しました。またリズムの時間として，曲を聞いて幼児たちが自由に表現することを楽しむ保育を行うようにしました。午前中は6領域のカリキュラムによる保育を行い，一方，午後は自由な遊びをしました。そのうち園児たちも増え，園舎を増築するにいたりました。この時期から，早くも「自然体験」を試みました。神奈川県の葉山での臨海保育，群馬県軽井沢での林間保育などです。これらは今日，重要な位置づけとなり，発展的に引き継がれてきています。

　創立より，本園は自由保育の試みを始めています。幼児に即した素材を使っての自由な遊びの流れです。砂遊びや色水遊び，積み木遊び，そして，園庭での遊具を使った身体的な遊びなどです。どの子どもたちにも受け入れられる遊びという考えのもとに実践してきています。

```
            当時の活動例：単元「きまりある生活」
  8:00   自由保育     自由画，ぶどう制作，その他
  9:00   礼拝―全体集会   お話   劇遊び（十五夜の小山）
         歌・遊戯・リズム楽器・スキップ
 10:00   制作ペープサート   たぬき・うさぎ
 10:30   人形芝居   ペープサート遊び
 11:30   お帰り支度   「サヨナラ」
                  （日案より抜粋：1954年9月13日の記録から）
```

2節 障がい幼児の受け入れ

◯ 障がいのある親子とのはじめての出会い

　開園10年後の1966（昭和41）年には，知的障がいのある幼児と片一方の目が義眼の幼児の2名の入園を受け入れました。しかし，このときには特別なことは行わずに，クラスに入れたままというのが実態でした。同じ頃，今でいう自閉症の幼児を連れ，ある母親が訪ねてきました。年齢はすでに6歳でした。青山学院大学教育学科を出て保育専門の多少の自負があった筆者（加藤惟一）でしたが，悩んだすえにこの幼児の入園はお断りする結果となりました。

　しかし翌年に，その子の妹が3歳で入園することになり，同時に母親から「お兄ちゃん（自閉症の子）もぜひ入園させてほしい」との希望が出されたのです。困りました。「障がい児の保育経験がないので」と筆者が言うと，その返答も覚悟のうえだったのでしょう。母親からは「ある女子大学生にお兄ちゃんの面倒をみてもらうので，ぜひ」と申し出られたのです。手刷りの指導用の資料までわざわざ持参されたのには，私たちも大いに気持ちを揺さぶられました。とうとう受け入れる決断をして，その子が

入園したのが，1967（昭和42）年のことでした。
　女子大学生が黙々とその子に沿った補助をよくやってくれたこともあり，その子も何とか卒園し，その後，小学校への入学も果たしたのです。

◆ 障がい幼児の続けての入園と専任保育者探し

　その後，障がいのある幼児たちが入園することが続きました。はじめの自閉症の子どものときに私たちのなかにあったためらいが，いつしかこの頃には消え，入園希望があるままに受け入れていきました。しかし，数名の障がいのある子どもたちを受け入れたことによって，やはり園としてきちんとした対応が必要なことを痛感しました。そこでまず，障がいのある子どもたちの保育ができそうな保育者を積極的に探し始めました。

　折も折，ある女性が現れました。障がいのある子を受け持ちたいというのです。さっそくその女性を採用しました。そして，奇声をあげ，動きが激しい子もいたので，教会にあった宿直用の小部屋をその子たちの保育用に使いました。

　保育者と部屋を用意できたので，その次に必要なのは，教材と専門的な方法でした。

◆ 初期の教材探しと方法の模索

　障がいのある子どものなかには，泥に汚れるのを嫌ったり，ぬれることをためらったり拒否したりする子たちがいました。人を避ける子，部屋やほかの子どもになじみにくい子，またはじめてのものには拒否的な子などもいました。経験も知識も乏しかった私たちには，とにかくいろいろと試し，模索する日々が始まりました。

　たとえば，教会のオルガンを使って歌を歌いリズムをとります。なかなかかたちにはなりません。また，折り紙は破るほうが楽しいようで使えません。そのため，いつしか千切り紙を取り入れ，新聞紙，包装紙なども千切り遊びの材料になりました。

試行錯誤を続けるうち，モンテッソーリの教具がこういう子どもたちにはどうか，という話になりました。上智大学に関連課程があることがわかり，保育後に担任が講習を受けにいきました。円柱さしやピンクタワー，メタルインセッツ，着衣枠などの教具 10 点を園のなかに導入しました。自閉傾向の子では円柱さしや型はめがよいことがわかりましたが，子どもによって関心も違います。どれにも関心を示さない子もいました。フレーベルの恩物などの一般の子の柔軟な遊びにはよい教具も，あまり関心を示さない子もいました。教材探しはさらに続きました。教材・教具を工夫し，それらに時間をかけてかかわりをもつ日々が続きました。そのうちに，しだいに担任に向けても関心をもち，屋内での活動にも興味と落ち着きを示す子たちが増えていきました。

◆ 障がいのある子も落ち着ける環境を

　1968（昭和43）年には，いよいよ園舎を増築し，障がいのある子どもたちによい環境を整えたいという思いにいたりました。子どもの保護者の方々の力も借り，バザーを行って，資金をつくる企画が浮上しました。園全体の増築ですが，障がいのある子どもが気がかりでした。はじめのバザーは，園が保護者に声をかけ，園の音頭とりでのバザーでした。保護者にはおもちゃ工場関係の方々もいる地元の利を活かし，ミニカーや抱き人形など，多くの特徴ある出品がそろいました。母親たちにも食べ物や飲み物など，多くの手づくりの品々をつくっていただきました（後には，熱意ある母親たちにこのバザーの企画運営を委ねていきました）。

　母親たちのつながりは強く，障がいのある子たちのクラス（やがて大きく育つようにと願って，「つぼみ組」の名がつきました）への支援に向けた意欲にかなり助けられました。まだ障がいのある子どもへの補助金制度がない時代でしたので，その後の障がいのある子のクラス運営面でもバザーは大きな力になりました。

　障がいのある子の「グループ」として始まった「つぼみ組」には，多動

の子もいたので，固定した教室の必要に迫られました。幼稚園で落ち着ける場所，参加しやすい活動の場として，つぼみ組単独で過ごせる部屋がこの時期に求められたのです。

　1970（昭和45）年には，今日まで続いている，幼稚園の卒業生たちが企画する夏の時期のキャンプ（あだたらの会）が始まりました。つぼみ組の子どもたちもボランティアの力でこの体験に参加することができました。経験が広がるよい機会です。1975（昭和50）年には，2カ月間フルに自由保育の充実を求め，クラスの枠を超えて遊び，子ども主体の保育を展開することも試みました。つぼみ組の子どもたちも遊び込む2カ月とすることができました。

ある新入園児の記録

9:00　登園
　園庭を走り抜け，階段付近でカバンや着替えなどの投げ捨てを繰り返し，友だちの顔を打つなどの乱暴を繰り返す。裸でアヒルの池に入り，ぬれたシャツを脱いで隣の公園に投げる。途中，女の子をたたき，6人ほどのほかの子どもの靴を公園に投げる。保育者は子どもの頭を柔らかく抑える「タイムアウト」の試みも。

9:20　脱走〜未然
　門から外へ逃げようとする。庭を飛び回る。保育者が手を引き，連れ戻す。

10:00　体操
　自分から体操の輪に入る。とんとんと足踏みなどの動作。保育者が手を添え，終わりまで行う。

10:15　入室
　つぼみの部屋に入る。笑いながら逃げ回る。

Column

仲間が増えて──保育者の回想から

　障がい児を担任1人で担当することは大変でした。クラス活動に参加できずに園庭に出てしまう，ほかのクラス活動のなかにふらふらと舞い込んでしまうことがありました。そんなとき，そのクラスの保育者から「この子が来て邪魔をします」と言われ，担任として胸の痛くなる思いを何度もしました。

　しかし，実際には担任1人では安全確認さえできず，保育中に2回脱走されてしまい，近所の人に助けられることもありました。また，水戸街道を三輪車で横断したり，踏み切りまで歩いていってしまったりすることもあったのです。

　ある日のことです。数分のうちにある子の姿が見えなくなり，パトカーでも探しました。近所には見当たらず，とても心配しました。押上駅の引込み線にいたところを発見されて保護され，警察の連絡で迎えにいくと，交番でおいしそうにおやつを食べていたのです。その姿に，ほっとしたと同時にどっと疲れを覚えた記憶があります。

　その後，園舎内外の安全確認，とくに外回りの塀の高さ，出入り口の鍵などに気を配るようになりました。

3節　障がい児保育への積極的な試み

◇ 個別指導の開始

　1973（昭和48）年には東京学芸大学で障がい児保育を専門に学んだ女性を保育者に採用することができ，障がいのある子への新たな保育の模索が始まりました。障がいのある幼児を受け入れて人数も増えました。しか

し，受け入れたのはよいものの，果たして一人ひとりに保育での成果はあるかと自問すれば，この子どもたちへの保育の具体的な成果がとても気にかかりました。

そこで始めたのが，障がいのある子への「個別指導」です。専門性のあるつぼみクラス担任を中心に，保育者全員が参加して，約1時間の個別指導を対象になる子どもたちに開始したのです。発達検査を行い，言語，認知や運動，対人関係等の発達領域ごとに必要な促進指導のプログラムを作成しました。親にも説明を行い，家でも同じようなプログラムを実施してもらいました。幼稚園で当時，このように実施した園はあまりないと思います。

◯ 障がいのある子への新たなグループ活動

障がいのある子の人数が増えて来ました。そのため1970年代後半には，現実的な対応として，その子たちには週3日の登園をお願いしたり，入れ替わり制を行ったりしました。集団への関心をもつ子どもも出始めました。そこで，次に試みたのは，障がいのある子どもたちの新たなグループづくりでした。

その子たち全員で行うグループ活動では，子どもたちは落ち着きません。そこで2，3人の子どもたちで小グループをつくり，リズム楽器遊びやクレヨンの自由画遊び，絵の具遊びなどを行うことにしました。小グループで過ごす試みをこの時期，しばらく継続していきました。

◯ 障がいの専門的指導ができる講師陣の参加

1980（昭和55）年に，筆者の母校である青山学院大学で集まりがありました。参加者のなかに，当時筑波大学で障がいについて専門的に学ぶ大学院生がいました（本書の編者・小山）。園の事情を話すと，さっそく助力を申し出てくれました。

早くも次週から，障がいのある子どもたちの観察，そして遊戯療法やグ

ループワークなどの実践が始められました。大学院生と個別指導を行い始めた幼稚園保育者との，合同ケースカンファランスも行われ，学びの会が熱心に続けられたのでした。

これを機会に，障がいのある子どもたちの本園の保育は，事実上，障がいに焦点を当てた「専門的な療育的保育」を熱心に進めるところとなったのです。この具体的な内容を一つひとつ紹介しましょう。

◉ 教育相談開始

1982（昭和57）年に，園にいる子どもたちのさまざまなことについて相談にのる試み「教育相談」が，前述の大学院生の助力で始められました。障がいのある子どもの子育てに関する相談を行います。さらに障がいへの理解も意図して，一般の子どもの保護者相談も行っていきました。

当時も，障がいのある子どもの保護者には，障がいの程度にかかわりなくさまざまな迷いや不安がありました。園での過ごし方やその後の育ちについて幼稚園と共通理解をもつためにも，幼稚園のなかで相談を受ける体制は大いに意義があると思います。今日も，この保護者たちが園内で相談できる体制を本園では大事にしています。

◉ 個別プログラムづくり

1984（昭和59）年頃には，さらに系統的に障がいのある子に個別指導プログラムを立てていく試みを始めました。幼児向け発達検査の結果や日頃の観察などをとおし，気になる発達の様子，心配な行動等に対し，一人ひとりにスモールステップを用いた目標を設けます。個別指導の場などをとおして目標の達成を図るため，その子のための全体的な「個別プログラム」もつくり始めました。

必要な子どもたち一人ひとりにプログラム（指導計画）を立てますので，かなり労力がかかります。幼稚園がここまで取り組むのは，まだきわめて例のない試みだったと思います。本園にはまさにこれが必要との思いが，

Column

「つぼみクラス」等の誕生──当時の記録から

1970（昭和45）年に専用のひと部屋が完成したことにより，物的にも人的にも一応整って，安堵感がありました。「将来花開く」との期待と願いをもって，このクラスは「つぼみクラス」と名づけられました。在籍者は，年長5名，年中6名，年少7名の計18名でした。

■クラス編成

当園では，障がいのある子どもの能力等によってもっとも適している保育内容を考慮し，3つのクラス形態をとっているのが特徴です。

■第1「つぼみクラス」

生活面で多くの介助を必要とする子，落着きがなく集団参加が不得手な子，他人との関係がつきにくい子などに対して，集中的な治療・訓練・保育を優先したクラスです。主に，小集団的・個別的なかかわりが中心です。普通クラスとの直接的なかかわりは少ないですが，自由時間・行事などでの交流は積極的に取り入れています。

■第2「ざくろクラス」

生活面で部分的な介助は必要ですが，ある程度身辺自立ができている子，指示の理解がある程度可能で多動などの問題行動のない子，さらに普通クラスのなかでの言語的刺激や対人関係などから得るものが多いと思われる子たちのクラスです。できるだけ普通クラスに参加させることを前提にしているクラス形態です。

■第3「プロンプタークラス」

ざくろクラスとしては取り扱わないが，普通クラスのなかでは，課題などによっては1人で解決していける能力を十分に持ち合わせていない子どものために，担任のほかに専門のプロンプター（補助者）をつけ，その子の普通クラスへの参加を積極的に進めていこうとする形

態です。

　このざくろクラスとプロンプタークラスの子どもはそれぞれ，ことばの遅れ，運動発達の遅れなどの問題をもっている場合が多いため，集団保育とは別に，放課後に個別訓練というかたちで個人の能力を高めることを意図し，より専門的なアプローチを取り入れた保育を行います。

■実際の指導目標とカリキュラム

　指導内容の柱は，感覚運動遊びと基本的生活習慣の確立の2つの側面です。幼児期すべての子どもにとって，感覚運動学習の重要性はいうまでもありません。これにあえて遊びという概念を加えたのは，保育者がその内容を工夫し，子どもにとって楽しく，自由で発展性の高いものを追求していくためです。感覚運動遊びの粗大運動的・感覚的なもの（サーキット運動，ボール遊びなど）は，身体的発達や情緒・欲求の発達と密接なかかわりがあります。

　認知的なものを含んだ感覚運動遊びには，手の運動，目と手の協応，耳と手の協応遊び（工作，積み木，楽器遊び）などがあります。

■基本的生活習慣の確立

　日常生活を営んでいくうえでの大前提で，障がいのある子にとってさまざまな問題点がみられます。親とスタッフが密な情報交換をして現状の生活を検討し，今までの生活で不足している点・弱い点にアプローチします。家庭連絡帳を用いて共通理解をしています（子どもを正しく理解する，指導の一致を図る，事務的な連絡をする，家庭指導の内容や方法を明確にする，継続的な家庭指導を図る，子どもの成長を具体的にとらえるなど）。

Column

つぼみクラスだったY君とクラスでの姿——当時の記録から

はとクラスには，4年保育1名，3年保育12名，そして2年保育1名の計14名の子どもたちがいます。3年保育にY君という障がい児が在籍しています。Y君の1年間を振り返りながら，保育を考えたいと思います。

今まで在籍していたつぼみクラスから，Y君が同年齢の子のいるはとクラスに来たのは，昨年の4月のことです。はとクラスは，つぼみクラスのようにマンツーマンに近い状態とは違い，保育者1人に対して14名の子どもたちがいます。ましてその14名のほとんどが新入園児ということで，今思うと1学期はY君が新しい環境に慣れなかったというより，保育者が日々忙殺されていたので，Y君と個別的にゆっくりとかかわれる時間をもつことができなかったというのが正直な気持ちです。その頃のY君はとくに好きな遊びもなく，クラスの友だちにもあまり関心を示すこともなく，気がつくと水道の蛇口をひねって水の流れを見て喜んでいました。しかし2学期，3学期と経つうちに，クラス全員の友だちの名前を覚えていたことに驚きました。さらに

先進的なこの取り組みを可能にしたと思います。

◯ 運動会での配慮

障がいのある子どもたちが多くなると，全園で取り組む運動会も，従来どおりには実施できません。競走や競い合いが中心になってしまうと，障がいのある子どもたちには，よい姿の取り組みとなりにくいのです。1983（昭和58）年には，園として運動会をどう運営するとよいか，全保育者間で話し合うことが続きました。

> 驚いたことは、クラスのなかで「Y君と一緒にブランコに乗って遊ぶの」と自らY君を遊びに誘ってくれる子どもが出てきたことです。このようにY君がいつの間にか友だちの動きや遊びに関心を示すようになり、またクラスのなかで「Y君と遊ぶんだ」と懸命に遊びに誘ってくれる友だちができたことなど、つぼみクラスとは違ってたくさんの刺激を受けられたことがこの1年間の一番の収穫ではないかと思います。その反面、クラス活動、とくにいっせいに行う活動で、Y君自身の力を十分に発揮するようにできなかったのではないかと反省しています。
>
> 健常児とともに保育を進めることはプラス・マイナスの両面があります。今のY君にとって一番の目標は何なのか、さらにその目標に到達するためには具体的に保育者がどのようにかかわっていけばよいのかなどについて、個別学習を担当している保育者との綿密な話し合いを今以上に行っていくことも、保育者のこれからの課題であると思います。

この結果、競い合いが前面に出がちな競技や内容を避け、基本的な運動をする活動を楽しくみんなで取り組む内容に変えました。この催しの名前も、運動会ではなく「青空フェスティバル」に変更しました。競技では、障がいのある子どもたちも参加しやすい内容（短距離を走る、簡単なリズム遊びをする）を取り入れ、障がいがある子もない子も、ともに楽しめる1日になるようにしました。

◯ 軽度の障がいのある子のグループ指導

　障がいのある子への小集団指導も試みました。障がいのある子どもたちを集めた集団で、活動を組んだこともありました。この時期、障がい幼児たちのグループであるつぼみグループ以外にも、より通常クラスに近い子を集めたグループワークをすることも、その子どもたちには必要ではないかと考えたのです。

　「ざくろ」というグループをつくり、小人数での遊び中心の活動に取り組むようにしました。通常クラスでよりよく活動できることを積極的に願ってのうえでした。楽しめる遊びをもつ子、運動は得意な子、会話が少しできる子といったように、ほかの子とのかかわりの可能性を秘めた、通常クラスにいる子たちを対象にしました。保護者とも相談を重ね、その子たちの生活上の自立、クラス活動への参加、学校へのつながりなども話題にしました。排泄や食事、寝起きなどの生活面の自立について、家庭でも園でも共通して話題にした結果、この子たちもしだいにクラスでよりよく取り組めるようになっていきました。

◯ 身振りサインを始める

　一方、当時の障がいのある子たちの半数には、話しことばがありませんでした。思うように自分のことが、ことばで伝えられない子たちが多かったのです。関係する研究動向が紹介されたこともあり、1987（昭和63）年には、身振りや動作で意思を表現しようという「身振りサイン」の指導も始まりました。

　子どもたちが、日常的に意思を伝えようとして示す、要求的な身振りサインを中心に、いくつかのサインを使えないかを試していきました。保育者たちが小集団活動や日常場面で、子どもに応じた身振りサインを示すと同時に、そのことばも言います。「ちょうだい」と言いながら、手で胸を軽くたたくサインを示すといった具合です。子どもたちの何人かは、「ちょうだい」の身振りサインを自分から出しながら、声を出せるように

なっていきました。コミュニケーションもできて，話しことばの発達にもよかったように思います。

4節 「誰もが一緒」の保育への発展をめざして

◯ つぼみクラスの解体

新園舎づくりをきっかけに，障がいのある幼児のみのクラス・グループであった「つぼみクラス」を1984（昭和59）年にやめることにしました。1つの場で，1つの障がい児クラスとするのではなく，園内のそれぞれのクラスのなかに分散して，3名前後の障がいのある子どもたちに入ってもらうことにしたのです。

現在のインクルーシブ保育にもつながる，園の「保育」全体を見直した結果でした。障がいのある子どものグループでは，さまざまな活動や行動を獲得します。大きく成長もします。しかしそれらは，つぼみクラスでの時間以外で，園内の障がいのない仲間たちとよい取り組みができるようにとの願いのためでもありました。

そう考えると，障がいのない子どもたちとのよいかかわり，よい取り組みを生むうえで，はたしてクラスとしての「つぼみクラス」は本当に必要なのか，クラスとしてほかの子から分離されることにより，子ども同士の理解し合いに支障はないか，一部の保育者がクラス担当としてふれるかたちではなく，どの保育者も，さらにどの障がいのある子どもたちのことを知るべきではないのかなど，意見を交わしました。

建て替えた新園舎は，画期的なオープンスペースの建物です。つまり，クラスのしきりもなく，自由に子どもが行き交うことのできる園舎です。建物だけではなく，子どもたちのクラス分けについても，障がいのあるなしの仕切りを設けずに，いろいろな子どもがいて当然のクラスにしようと保育者たちは考えました。

Column

統合保育の研究――当時の研究報告から

　オープンスペースの新園舎の一部ができたことにより，新しい歩みが始まりました。これを機に，障がい児すべてを普通クラスの一員として在籍させ，お弁当の時間のほかにもともにする活動を積極的に取り入れることが始まったのです。このことは統合保育についていろいろ考えさせられるよい機会となりました。『統合保育の実際』（K.E. アレン著，村井潤一・三谷嘉明訳，同朋舎出版，1989）によると，幼稚園の重要性として次の3つがあげられています。

　①多くの体験をさせることができる
　②自発的学習の機会を用意できる
　③学ぶことのできるほかの子がいるなかで，障がい児に学習の機会を用意できる

　このように，現在，統合保育の重要性が説かれている現状，およびこれまでの当園の障がい児保育の経緯をふまえ，統合保育を適切に進めるための研究を始めることにしました。

> 平成元年の研究テーマ「望ましい統合を促す教育方法の研究」
> 障がいのある子の集団参加の試み（事例をとおして）

■指導開始時の様子（Kちゃんの事例）

　園生活3年目を迎えたKちゃんはかなり落ち着いてきました。つぼみクラスのグループワークでは手遊び，リズム音楽課題では模倣がよくできていました。運動課題でも1回のモデル提示でできるようになるなどリーダー格でした。しかし，できることでも気分によっては好きな歌や手遊びでもまったくやらず，見ていないこともありました。そんなとき「Kちゃん，前に出て歌ってください」と言われると，Kちゃ

んは張り切って歌い始めます。このような様子からつぼみグループだけでは物足りないのでは，と感じさせられました。しかし32名の集団に入れるには心配があり，リズム活動以外ではほとんどクラス参加をしたことがなく，これまで弁当はずっと一緒に食べてきました。一番慣れている弁当でも，自分が食べ終わるとさっさとブランコに乗りにいってしまっていました。また絵を描く，はさみを使うなど，普段はできていることも，クラスのなかでみんなと一緒にすると，落ち着いて活動することができませんでした。

■以上の結果からみえたこと

つぼみクラスの活動内容が3年目のKちゃんにとって同じ繰り返しであったこと，新鮮さに欠けたことがわかります。クラスの3歳児とのグループやクラスへ参加したリズム活動では，いきいきと動いている様子がみられて楽しそうでした。そのことは，保育者の仲介がなくても他児の模倣をすることからもわかりました。このほかの運動課題，絵画制作にも今までにない変化がみられるようになりました。

・小クラス（32名の縦割りクラスを2分割にする）
・弁当前後の活動の繰り返し
・食事の準備，一緒に歌う，友だちの名前を呼ぶ，好きな絵本を一緒に読んでもらう，Kちゃんと呼ばれるなど
・みんなと一緒にする体験活動への参加
・運動会，遠足，クリスマス，誕生日会

参加の仕方はいろいろでしたが，一緒にすることの楽しさを感じられたと思います。このことは，自分の好きな子をモデルにして活動を繰り返していることなどからもわかります。

Column

1993（平成5）年個別指導か個性重視の保育へ
（統合保育における問題と可能性）——研究報告から

■当園の保育の流れ

　一斉保育のなかに指導法や知識もないまま，障がいのある子の保育が開始されました。一斉保育では，障がい児を受容するどころか保育自体が成立しませんでした。しかし，その子に応じた技能を伸ばそうと具体的な個別学習を始めました。クラス参加をしやすくするための小グループ指導も始めました。しかしそれでも，健常児と同じことはできませんでした。また集団参加も容易ではありませんでした。人とのかかわりをさらに促す必要があると感じ始めました。

　このような経過を経て，現在は障がいの有無にかかわらず，ともに過ごすコーナー遊びを行うようになって定着しています。現在は，子どもたちの自発的な活動を促す環境づくりを行っています。

■考察

　今回は，子どもたちそれぞれがありのままの姿でともに楽しめる環境をつくることこそ，統合保育に大切なのではないかと基本的に考えました。個別指導，少人数のグループ，クラス活動，コーナー遊びなどを同時に設定しました。その結果，どの子も確実に変化し，成長してきていることがみえました。このような結果が出た背景は，次のような要因があげられます。

◯ 誰もが遊べるコーナー活動

　しかし，実際の保育場面では，障がいのある子どもたちが落ち着ける場，あるいはその子どもたちこそが意欲的に遊べる時間と場がやはり必要でした。それは，この子どもたちの園に対する切実なニーズだからです。その

- さまざまな場を設定したことで，その子に合う場がどこかに存在した。
- さまざまな場面で保育者がかかわったことから，新しい場や人になじみにくい子どもたちに，より細かい配慮をすることもでき，あわせて子どもにも「自分の場」と感じる場所ができたため，落ち着ける状況になったと思われます。

　以上のような当園の実践から，統合保育に求めたいことを要約すれば次のようになります。

　①一人ひとりの子にとっていろいろなかかわりの場があること。
　②ともにいることがどの子にとっても楽しい場である。
　③保育の形態を固定せず，そのときに応じて場をつくること。
　④自分から集まる場所や，一緒に楽しめる遊びが始まる環境設定をすること。

　このように多様な場面を設定することは障がい児だけではなく，健常児にとっても個性を重視した教育になると考えられます。さらに，ともに生活することの楽しさが具体的にどのようなことなのかを保育実践のなかで求めていきたいと思います。

ため，今までのつぼみクラスの場所であった「遊戯室」を 1989（平成元）年，その子たち占有の場ではなく，ほかの子どもたちも自由に入り，皆で遊べるコーナー活動の展開の場としていきました。

　つまり，それまでの障がいのある子どもたちだけの遊びの場ではありま

せん。遊びを自分から積極的に始められない子，自分だけの興味に集中したがる子，絵の具や粘土など素材を活かした活動に十分取り組みたい子たちも，同じ場に集うことができる遊びのコーナー活動を展開できる場にしていったのです。

　時期によっては，サーキット運動のように，遊具を渡って体を動かす遊びもできました。ままごとのコーナーも登場しました。電車ごっこも興味に応じて始まります。こうした，障がいのある子だけに焦点を当てるのではなく，障がいがあってもなくても誰もが来て遊べる，子どもたちの出会いのコーナーが園のなかに実現していきました。

5章
インクルーシブ保育を
どう進めるとよいだろうか
―― 葛飾こどもの園幼稚園が大切にしていること

　インクルーシブ保育を実践している葛飾こどもの園幼稚園の概況，保育の流れ，保育活動の特徴であるコーナー活動，年間の体験活動，保護者とのかかわりなどを紹介します。
　大切にしていること，何かを伝えたい幼稚園の思いが書かれています。

1節 園のプロフィール

本園（葛飾こどもの園幼稚園）では，どのようにインクルーシブ保育を進めているのか，紹介していきましょう。

◆ 園児・教職員・園舎と園庭

○園児　　例年，140名程度です。年度によって違いますが，近年の本園では，障がいのある子どもがこのうち1割以上を占めます。さらに，診断を受けていない子どものなかにも障がいのある子が数名は含まれます。葛飾区内から通う子どもたちが中心ですが，例年，他県や他区から通園する子どもたちもいます。

○クラス数　　近年は以下の5クラスです。

　1クラス当たり：平均約27名。保育者：各クラス3人担任。

○教職員数　　保育者（教師）：18名程度。

　園長1名，主任5名程度を含みます。（そのほか，事務職員2名，運転手1名など）

○建物の特徴　　3階建ての園舎。2階までを保育に使います。屋上には固定式プールがあります。

・部屋ごとに仕切りのないオープンスペース型を主とした5つの保育室（教室）。カーペットを敷いた廊下スペースとの境には段があります。この段は，時に子どもたちのステージにも早変わりします。隣室とのあいだには，仕切りの壁があります。園長室，職員室のほかに以下の部屋もあります。

・やや狭く端にある部屋が1室。ドアで仕切ることができるので，別空間になります。小グループでの静かな遊びの場になったり，母親たちが絵本の楽しみを学ぶ場になったり，また保育後の預かり保育の場にもなったりします。

・2階の奥には遊戯室。屋内で広々と使える唯一の部屋です。朝からの「コーナー活動」（132，133ページの図参照）では，障がいのある子たちも遊びに多く来ます。マットや平均台，大型積み木，三輪車，トランポリンなどの収納倉庫もあり，屋内の運動の場としても使います。集会や演奏会，劇などでも活躍します。
・木製の幅広のテラスも園の特徴です。1階の園庭に沿って，日よけ・雨よけのひさしつきの幅広テラスです。ここでもコーナー活動が展開されます。雨の日も使えます。園庭での子どもたちの遊びと園内の遊びをつなぐ場でもあります。カメや小動物の水槽，ウサギのゲージもあってえさやりをします。

○園庭の特徴　　地方ほど広い園庭ではありませんが，緑豊かです。

・樹齢50年は経ちそうな大きな木が8本。ミカン，ザクロ，イチジク，カキ，ウメ，ギンナンなどの実のなる木も10本。夏は園庭の80％が木々の葉で日陰になるほど生い茂ります。鳥たちもやってきます。
・大型の木製遊具がひときわ目を引きます。園庭の中央に大木のオブジェのような遊具があります。これは，『三びきのやぎのがらがらどん』の話をモチーフにしたわが園ならではの特注品です。築山の上に組まれて木々の葉と一体になる長い胴体や自然木の渡り棒，くねった木目そのままのすべり台は，子どもたちの大のお気に入りです。
・砂場や固定遊具の鉄棒，登り棒，うんてい，ブランコ，グローブジャングルなどもあります。築山もあります。脇の高い木の枝から築山に垂らしたターザンロープで遊ぶ"技"は，先輩たちが10年に渡ってつくり出してきたもの。今の仲間が新たな"技"に挑戦しています。
・動物もたくさんいます。アヒルやミニブタ，ウサギ，ニワトリ，カモ，などの都内ではめずらしい動物もいます。池や柵で囲った遊び場，小屋もあり，子どもたちは動物たちにえさをやったり，池を掃除したりして，ともに過ごします。以前は，ヤギ，ホロホロチョウ（体長60〜70cmのキジに似た鳥。アフリカの草原や木立に生息），大型犬のセン

トバーナードもいました。
・水生生物や昆虫も飼っています。カメ，メダカ，ザリガニ，カブトムシなどがいます。テラスにいる小さな生き物の世話も子どもたちがします。子どもたちは小さな命を日々感じています。

◯ 1日の保育の流れ

登園から降園までの，時間を追っての1日の概要は下記のとおりです。

8:30 〜	朝のゆったりとした時間・コーナー活動による遊び
登　園	徒歩，園バス（1台），自転車などで。 8:30 〜 9:30頃。
朝の仕度	担任や友だちとあいさつ。出席シールを貼ります。
朝のコーナー活動	朝の仕度が終わった子からコーナー活動に。どの子も，自分のやりたい遊びに自由に取り組みます。場もクラス，屋内や園庭のどこでも誰とでも自由です。保育者は，自分のコーナーで子どもと遊びます。来た子どもたちが充実するような遊びを設定し，かかわり，ともに遊びます。時期により，毎日継続する遊びもあります。遊戯室では，障がいのある子もゆったり，興味に合わせて遊べるコーナーをいくつも展開します。
片づけの後，各クラスで集会	・遊びの様子をみながら，「そろそろお弁当を食べるよ」と個別的に声をかけ，コーナーの時間の終わりを知らせます。「また明日」と子どもたちとことばを交わしながらコーナーを終えます。 ・クラスごとに集まって，あらためて名前を呼び，出欠や健康を確認します。
11:30 〜	日々の生活としてのクラス活動
お当番	クラスの動植物のえさづくり，かたづけ，清掃など
お弁当	テーブル準備，手洗いうがい，お祈りをして，そろって「いただきます」を言い，食べ始めます。障がいのある子で援助があったほうがよい子のテーブルには，保育者が入ります。
読み聞かせと素話	お弁当が終わったら，7，8人のグループになって，保育者は絵本の読み聞かせや素話をします。
12:30 〜	いろいろな内容のクラス活動
①クラス活動	絵画制作や音楽リズムなどの幅広い経験をクラスごとに行います。カリキュラムにもとづいて活動します。

②年齢別活動	同年齢の子どもたちとしての活動。夏の林間保育（お泊り保育），青空フェスティバル（運動会），クリスマスページェント（キリストの降誕劇）などが年間での大きな取り組みです。年齢別のグループごとに保育者が付くかたちで取り組みます。	
③グループ活動	3学期の山場である劇遊び（各クラスの劇を発表する）に向けての期間では，縦割りのクラスをさらに2つに分け，それぞれを各1人の保育者が担当する，グループとして継続して取り組みます。	
13:30〜	クラス別「さよなら」の集まりとバス待ちの外遊び	
帰りの集まり	1日を振り返り，感謝をしてあいさつ。	
1番目のバス出発	1番目のバスに乗る子は，点呼をとってバスに乗ります。	
2番目のバスと外遊び	遊んでいた2番目のバスに乗る子は，時間になったら集まり，戻ってきたバスに乗ります。	
3番目のバスとお帰り	14:30には最後の3番目のバスが出発します。保護者が迎えにくる子もこの時間に帰ります。	
14:00〜	保育後のそれぞれの楽しみを広げる活動（希望者参加）	
あずかり保育	毎日，15名前後の子どもをあずかります。友だちと遊びをしながら過ごします。	
そのほかの活動	希望者には，年長コーラス，美術教室，体操教室も園内で実施しています。	

◯ 保育活動などの概要

○コーナー活動

　午前中は毎日，遊びのコーナーを保育者と子どもたちとでつくります。登園後の朝の仕度がすんだら，一人ひとりのコーナー活動での遊びが始まります。園のなかに設けられたコーナーで，子どもたちは自由に遊びます。保育者はコーナーでの子どもたちの遊びを期待し，遊びの素材や道具を置いたり，遊びを呼びかけたりして，コーナー活動の環境設定をします。保育者は，1人の子どもが今何を感じ，考え，誰とどのようにかかわりをもっているのかをさりげなく感じ，遊びをとおして友だちとの園での楽しさを共有していきます。障がいのある子もない子もともに遊ぶ，午前中の

中心的な活動です。障がいのある子たちには，その子たちが入ってもゆったり遊べ，かかわりをもてるように，本園ではさりげなくコーナー活動の場を整えたり，誘いかけたりして，保育者たちも子どもたちの遊びの充実を願います。

　○お弁当

「お弁当」は，本園では家庭からの手づくりの弁当です。クラスごとに食事をとりますが，とくに新学期には，食べる時間や場所，グループは固定するようにして，よいリズムとして繰り返し，習慣化されるようにします。園での生活が安定する2学期以降は，活動の流れや内容，季節，天候などにより，クラスから出て園庭などで，皆がそろって食べることもあります。弁当のための机や椅子などの準備にも，子どもが自分から主体的にとりかかるように心がけます。この時間には，各クラスで担当する動物などの世話──ミニブタやアヒル，ニワトリ，ウサギなど，えさづくりや小屋掃除などを行います。障がいのある子も，ほかの子に混じってこれらの準備や世話を行います。

　○クラス活動

異年齢の縦割りクラスで活動します。保育者は1クラス3名。時には，保育者ごとにさらにクラスを3グループ（縦割り）に分けて子どもたち主体に活動に取り組めるようにしたり，また時には，年長児だけ集まって計画を立てたり準備に取り組んだりと，子どもたちが中心となって判断し，進めることを大切にしています。活動の内容によっては，クラス内で4歳児，3歳児の年齢ごとの活動を行ったり，年齢混合の縦割りで取り組んだりと，子どもたちの様子や状態に合わせて柔軟に対応できる活動をめざします。障がいのある子たちには，できるだけその子たちが仲間とともにしっかり取り組めるよう，その子の意志はもちろん，グループやそこでの友だちとの関係に配慮しています。

　○年間体験活動

年間の大きな体験活動は，本園では行事としてではなく，どれもが子ど

もたちが全身で経験し，全身で楽しみを感じ，子どもたちなりに考える活動ととらえ，その体験が日常の保育へとつながることも大切にしています。日常のなかでも，風や光，小さな虫や草花を感じて実際にふれる体験を大切にしています。これも幼児期に重要な体験です。できるだけ自然そのままの海や山，川のなかで幼児期の豊かな体験を重ねてもらいたいと考えています。実際の自然のなかで仲間と経験を積み重ねることにより，「歌いたい」「踊りたい」「つくりたい」「描きたい」という思いがあふれてほしいと願っています。

○父母会

園には，保護者たちが集まるいくつもの父母会があります。月1回のクラス別の父母会がこの基本だと考えています。前半の全体会（1時間）では，園が今大切にしていることなどを話す時間にしています。その後，クラスごと（1時間）に，全体会の話のテーマをもとにして，具体的な子育てについて話し合います。また，話し合いのテーマに合わせて必要な人が参加する父母会や，年齢別の父母会など，時期に応じて年間約30回，母親たちを中心に互いにたくさん話をしていただく父母会を設けています。

そして，障がいのある子たちや援助のいる子たちの保護者の方々中心の父母会も行います。そこでは，園で進める保育での配慮や援助の実際，また幼稚園生活で大事にしていることなどを話したり，家庭でかかえていることを話したりします。互いのかかえていることを出し合い，ともに活動するなかで，保護者・家庭同士が互いに支え合うことに発展することも期待しています。実際に，園のなかでの父母会を通じた保護者間の関係は強いものになります。卒園後にもこの支え合うような関係は続行し，園を支えてもくれています。

○園の内外の方々とのつながり

本園のすべての活動には，保護者・家族，卒園生，ボランティア等が加わってくださいます。園の取り組みはこうして多くの方々に助けられています。とくに野外に出ていく活動や障がいのある子どもとの活動は，こう

した方々の協力で進められます。さまざまな方たちとともに活動する保育は，保育者にとっても，また幅広く豊かな経験に立った子ども理解や保育を実践するうえでも大切です。このほか，外部のさまざまな専門家（障がいのある子の保育・教育・心理，造形表現，音楽表現，身体表現など）も保育を深め，広げてくれる協力者です。保育計画やカリキュラム，記録やケース検討会，保育研究の進め方・まとめ方などについて，専門家も含めての話し合いを折々に行っています。

2節　さまざまな集団で大切にしていること

◆ 異年齢クラスでの真のねらい

　異年齢クラス編成に対する基本の考え方には，"子どもたちと保育者がともにつくる幼稚園生活"があります。大人である保育者がすべて教えて指導するという「上から目線」ではなく，子どもたちの考えが尊重され取り入れられる保育，子どもたちによってつくられる保育をするためのクラスが，真の異年齢クラスのねらいであると考えています。

　子ども自身がつくり，子どもたちと保育者がともにつくる幼稚園生活という考え方自体は，異年齢でも年齢別でも関係ありません。しかし，異年齢で構成されているクラスでは，年齢を超えた子どもたちの縦の関係が基本ですから，助け合い学び合う関係も多く生まれます。幅の広いかかわり合いと役割が生まれます。子どもたちは保育者に頼らなくても，自分たちで考えながら行動する"子ども自身による生活"へとつながっていくのです。

　園での生活が自分たちで進める主体的な生活になれば，（保育者や大人の姿も手本に）子どもたちは仲間とともにいきいきと活動するようになります。自分より小さかったり弱かったりする仲間を，子どもたちのなかで受けとめる余裕も出てきます。自分たちのつくる活動が認められれば，自然と小さな仲間のことにも気を配るようになり，クラスの仲間意識も育ち，

子どもたちの輪がつくられます。

　こうしてインクルーシブ保育がめざす，子どもたちが主体的に取り組み，子どもたちのつくる自分たちのクラス，また，年齢も個性もさまざまな仲間としてのクラスになるのです。異年齢クラスの真のねらいは，子どもたち自身が取り組み，さまざまな子どもたちとともに過ごす生活にあると考えています。

◎ 小グループでのクラス活動

　本園では1クラス3人担任制です。どのクラスも3人の担任で保育していく体制をとる理由の1つは，より個々の子どもに配慮が行き届く取り組みを行うためです。それぞれのクラスを保育内容や季節の活動に合わせ，2分割，3分割して行う細やかな保育を実践しています。

　1グループ9〜13人程度の小グループをつくります。こうすると，子どもたちの小さな声にも耳を傾けることができます。保育者と子どもとの対話が自然と起きます。一人ひとりの子どもと向き合いやすくなりますから，それぞれの子どもの関心や個性もよくみえるようになります。ある子どもの声を，クラスの活動に取り上げることもできます。そこでの子ども同士の関係も，より身近に仲間を知る関係になります。見渡しやすい集団になります。幼い子でもかかわりを楽しめます。自分の思ったことも主張しやすく，つながりも自然とできるグループ活動になりやすいのです。

◎ 年齢別の活動

　本園では異年齢クラスが基本ですが，年齢ごとにも活動します。たとえば，年長児だけの林間保育（お泊り保育）に向けての準備では，各クラスから10名ほどの年長児が集まり計50名の年長児で行う年齢別保育も行います。また，とくに年長児になると，運動会のダンスのように"仲間で考え，つくり出す"ことを目標にします。

　同じことを繰り返してみんなと練習するような場面は，ともに体を動か

す心地よさを感じにくい子にとって，無理やり活動させられる"楽しくない時間"になりかねません。このような子どもには，はじめから過大なことを願わずに，その場にいるだけでもよしとします。

　同じ場で，仲間が楽しむ雰囲気や様子，音楽やリズムを感じることをまず大切にし，繰り返します。人とのかかわりやその場にいることが苦痛ならば，その子の興味のある遊びや絵本，簡単な作業を準備しておいて，それをやりながら同じ部屋で落ち着いて過ごせるようにします。普段の生活で仲間から受け入れられていることが前提ですから，何日も繰り返して仲間の楽しそうな雰囲気や音楽を味わうと，徐々に慣れ親しんでいき，本番当日では仲間の雰囲気を楽しんで友だちについて歩いたり，自分なりに体を動かすなどして参加するようになります。

　このように，同年齢の子どもと同じ活動に取り組めない場合でも，その子なりに楽しみ表現する姿は，同年齢の仲間には，自然と受け入れられるものになります。全体と合わない動きだったとしても，仲間が助けて配慮してくれる関係こそ本園では大切に考えています。たとえば，障がいのために歩くことのできない仲間がいたら，みんなで一緒に楽しむために何ができるか，どうするとよいか，（活動を止めてでも）子どもたちとともに考えてみてもよいでしょう。仲間が，弱さをかかえた友だちのことを深く知り，包み込むような活動とするためにもよい時間のよい活動になるものと思います。

3節　本園で重視する「コーナー活動」

　本園では，どの子も伸びやかに遊び，取り組む保育のなかで，障がいのある子の成長も約束されると考えています。クラス活動では，それぞれの保育者と子どもたちの個性の組み合わせで，仲間との育ちが生まれます。クラス活動以外にも，園全体，全保育者で自由に遊びを展開，発展できる取り組みがあると，いっそう子どもの伸びやかな育ちも生まれます。この

5章 ◆ インクルーシブ保育をどう進めるとよいだろうか

ため全園で取り組む「コーナー活動」に，本園ではかなり力を入れています。クラスでの活動とこのコーナー活動との両輪によって，障がいのある子にもない子にも，豊かで伸びやかな育ちと園の生活が約束されるものと考えています。

◎ コーナー活動とは

　本園では，創立当初から自由主義保育，つまりどの子もその子らしさを見出せる保育に取り組んできました。保育者は必ず，可能性を秘めた個々の子どもに期待をもちます。期待のなかにある子どもたちは，保育者とかかわりながらも自分の世界を十分に堪能することで，その子らしく表現し始めます。自主的・主体的に取り組み始めた子どもは仲間からも認められ，個性あふれる柔軟で確かな育ちも生まれるものと考えます。柔軟でゆるやかな幼稚園での遊びから，そうした育ちも期待できます。

　この具体化の1つを「コーナー活動」として本園では重視しています。本園では，毎日午前中いっぱい時間をとって，子どもたちと保育者のさまざまな活動からなるコーナー活動を全園的に展開します。

　園のカリキュラムのもと，その時期の子どもたちに期待し，可能性を思いながら，保育者それぞれに「こんな遊びは？」と願います。遊ぶ素材や道具を準備してあらかじめ置いておくなどの環境づくりをします。興味・関心をもって活動し始めることを見守るとともに個別的にかかわり，保育者から積極的に子どもたちに遊びを働きかけることもあります。日々，様子をみながら園庭のあちこちで――屋内の保育室，テラスなど――そうした遊ぶ試みを展開します。どの子も伸びやかに，午前中いっぱい遊びこみ，気持ちが充実する仲間との取り組みを願って行います。

◎ 障がいのある子が参加しやすいコーナー活動

　本園では，年度当初から，障がいのある子も混乱なく，楽しく落ち着いて過ごせる幼稚園生活にする取り組みを続けています。それは，「障がい

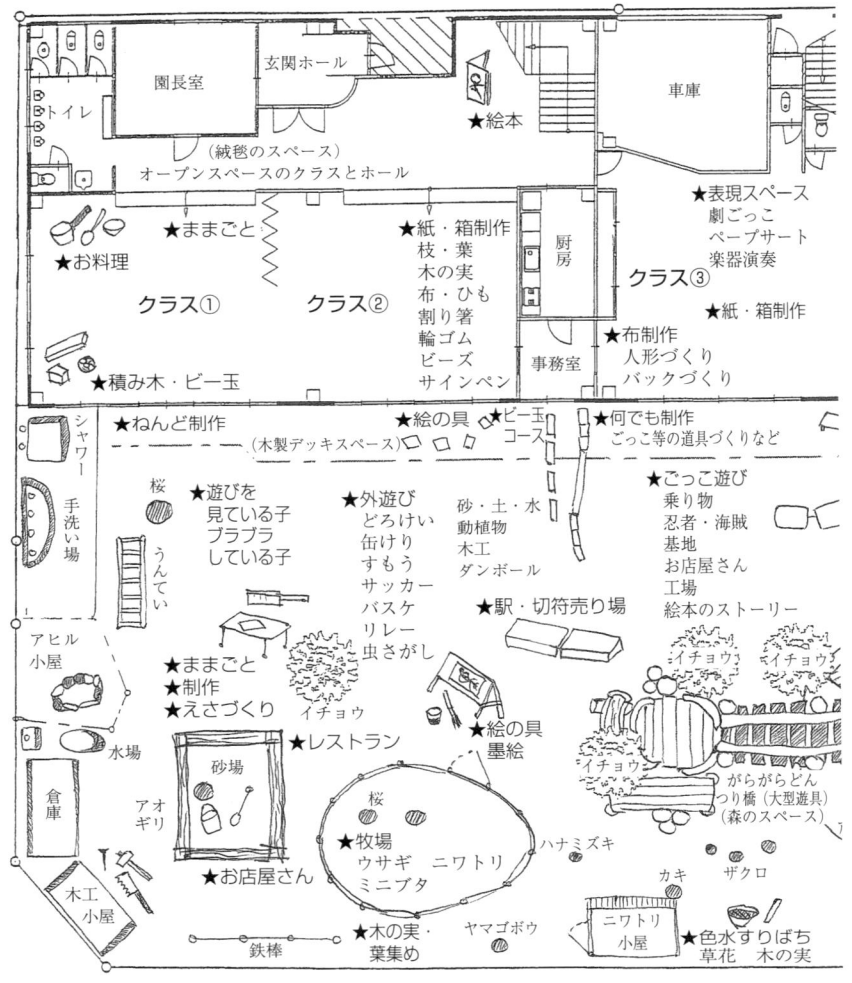

ある秋の日のコーナー活動の広がり

のある子もともに楽しめるコーナー活動」の試みです。

　ほかの子どもがコーナー活動に取り組む午前の時間帯に，2階の遊戯室では，障がいのある子や気持ちが不安定な子，仲間と遊びにくい子などが参加しやすい"遊びの場"をつくります。ここでは子どもたちに合わせ，

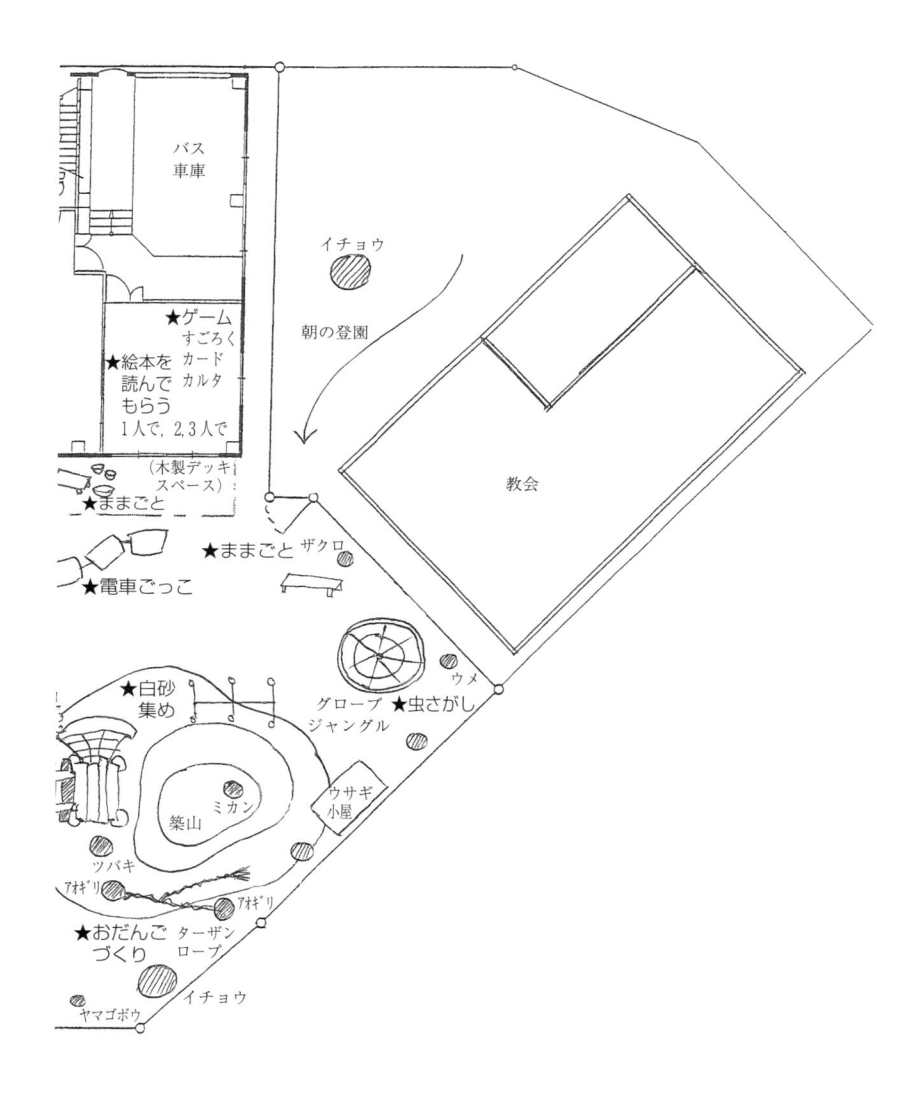

5章 ◆ インクルーシブ保育をどう進めるとよいだろうか

活動や時間もゆったりと流れています。また保育者や子ども同士がじっくりとかかわりをもてるようにします。

　障がいのある子のなかには，4月の入園直後，子どもたちの多くいる生活になじめずに落ち着かないことがよく続きます。屋内の静かな雰囲気で，

固定的な保育者による継続的なかかわりを続けることによって，そうした混乱も少なくなると考えています。数年来の実践を経て，このような意味でのコーナー活動の取り組みを遊戯室で行っています。

　とくに年度のはじめは，援助の必要な新入園児への配慮として，①毎日，その子たちがまず登園する場所として使います。2階の遊戯室では，ほかの場所と違って，静かに落ち着いてその子たちを受けとめることができます。その後も，②その子どもたちが保育者との信頼関係をもち，友だちとかかわりをもつことができる遊び場として使います。障がいのある子たちも十分に楽しめる遊びの小コーナーを遊戯室にいくつか設けます。

　新学期に遊戯室で，身体接触遊びや感触遊び，粗大運動（手先などを使う微細運動と対になって使われることばで，手足胴を動かす大きな運動）も楽しめるように設定し，また子どもからの話を丁寧に聞いてかかわることを大事にしていると，実際にはいろいろな子どもたちが集まってきます。たとえば，集団生活にまだ不安がある子，自分からまだ遊びを見つけられない子，友だちとの関係がまだうまくつくれない子などです。ほかにも保育者と密に遊びたい子，少し静かに過ごしたい子など，さまざまな子たちが自然に集まります。

　こうして，いつの間にか，2階の遊戯室は，障がいのある子たちだけではなく，じっくりとかかわって人間関係をつくっていくようなコーナー活動の場所となっていきます。

　ほかのコーナーとの違いは，保育者がここにはやや多くいることです。同じ先生が毎日います。いくつものコーナーがあって，ゆっくり遊べます。保育者ともゆっくり話せます。静かな遊びもあれば，体を動かす遊びもあり，ほかにはない三輪車やトランポリンが時に登場します。ほかと同じなのは，遊戯室もほかのコーナーも，障がいのある子もない子も普通に遊んでいることです。けんかも起きます。保育者は，どの子も楽しく充実して遊べ，障がいのある子も園で楽しく遊べるように，さりげなくかかわり援助します。

遊戯室のコーナーで、より大切にしているのは、個々の子への細やかなかかわりや配慮についてです。担当の保育者のあいだで話し合いが行われ、障がいのある子もより落ち着いて楽しく遊ぶための保育や工夫が検討されます。どの子も取り組みやすい条件をより確実に工夫しながら、ここでのコーナー活動は展開されているのです。

本園独自の試みかもしれませんが、ほかの幼稚園・保育所でも、工夫すれば同じような試みができるのではないでしょうか。障がいのある子や不安な子が落ち着いて遊びやすい場所と時間帯を意識してつくり、できれば毎日、保育者も遊びにかかわるようにすれば、遊戯室でなくとも、また保育者が複数いなくとも、どの子も楽しめる取り組みが期待できるのではないでしょうか。

4節　保護者との連携

◯ 入園前に必要なこと

幼稚園や保育所では、子どもの成長だけ考えればよいわけではありません。子どもの成長に影響が大きい保護者とのかかわりや家庭での生活も一緒に考えていかなければなりません。信頼関係づくりがとても大切です。

入園前の保護者の方々は、幼稚園や保育所の方針や約束事、また子どもの集団生活への理解が必ずしも十分ではありません。障がいがあったり、育ちに心配をかかえて、わが子のはじめての集団生活に不安を感じる保護者の場合、反動で"バリア"を張るようにかたい態度をとったり、強く自己主張をしたりすることがあります。とても子育てを楽しむどころではなさそうな方々も見かけます。このような方は少なくありませんし、入園後に落ち着いた信頼関係を早く築きたいと思いますので、入園前から保護者の方と繰り返し話し合い、理解し合うことが大切だと考えます。

まず見学会や説明会、また入園前の遊びの場などで、保育者が一人ひとりの子どもとしっかりかかわることのできる環境をつくり、子どもの様子

や状態を的確にとらえておきます。その子どもの様子から，幼稚園の集団のなかで居心地よく楽しく過ごすため，"その子に合わせた細やかな配慮"を現時点で考える必要があるかないかを保育者たちと検討します。必要がありそうな子の保護者に対しては，できるだけ入園前の半年ほどの期間で，段階を想定して何回か話をしていきます。

　初回は顔を合わせて，世間話などをして，その子の楽しそうに遊んでいる様子などから気軽に話すようにします。2回目以降は，相手の様子によって保護者の子どもに対する思いや幼稚園に期待することなどをじっくりとうかがいます。子どものよい点を確認し合いながら，「ことばが少ないようですけれど，ご家庭でのお子さんとの気持ちのやりとりはどのようにされていますか」とか「まだ友だちを意識するというより，今は1人で楽しむことが好きそうですね」などと，子どもの様子に関して具体的に感じていることを少しずつ話題にします。

　ここで大切なのは，障がいがあるとかないとかではなく，あくまでもどの子も"幼稚園で集団生活を楽しむために"を前提に，お互い本音での話ができるようにしていくことです。保護者のほうから悩み，また苦しんでいるといった話が出てくるように，時間をかけて，気持ちに寄り添って話を聞いていきます。そのうえで，本園の考え方や子どもたちの受けとめ方，また入園後に保護者に手伝っていただくことなどについてもたんねんに伝えていきます。

　園と家庭とが，互いに理解し合って入園を迎えられることが理想です。入園してからも，丁寧にコミュニケーションをするようにして，子どもの成長やそのときの課題を共有していくようにします。

◇ みえにくい成長をともに喜ぶ

　入園後もまた，保護者との話し合いや家庭との連携への模索が続きます。これらは最低月2回の父母会，また学期に1回程度の担任や園長との話し合い，さらに必要に応じて"おじいちゃん先生"（理事長）と個別に話

し合いをすることで，互いの思いや情報を交換します。

　保護者の方たちは，わが子のできること，ことばの伸びなど，ほかの子どもと同じような成長や発達を望みがちです。みんなと同じような成長や伸びばかりを期待せずに，その子なりのペースの大切さ，その子らしい姿を共通の理解としながら，子ども同士のなかで自然と認められていくことを期待しています。

　保護者の方たちも，ともに実際の子どもたちの変化を理解し，感じていくことをとおして，その子の"ありのまま"の受け入れにつなげていきたいと思います。保育者によっては，「保護者がなかなか子どもの障がいを認めない」ともらすことがあります。保護者は，ただその子だけをみてきたのですから，集団での課題や子ども自身が幼稚園で感じる思いや生きにくさは，きっとわかりにくいのです。それがごく自然なことです。認めさせようという態度ではなく，時間をかけて，保護者自身が子どもの"生活のしにくさ"をわかり，受け入れられるつきあい方をしていかないといけないと思います。

　本園では，障がいのある子の保護者に寄り添い，その子をどう援助し，思いを受けとめて見守ったら友だちとさらに楽しく過ごせるのか，保護者とともに考えていきたいと願っています。保育で"その子らしい楽しみ方"があればその都度，細かく保護者に伝えます。母親に伝え，場合によって，クラスの父母会で保護者全員にも伝えます。

　こうしたことにより，園を手伝って支えてくださる保護者の方々の誰もが，どの子に対しても"その子らしさ"を認めるよう，力を合わせて陰ながら子どもたちを支えてくださるようになります。

◆ 保護者同士の助け合う"輪"をつくる

　子どもの成長に欠かせないものの1つは，母親にとっての健康的な生活です。子どもが園生活を楽しむには，母親同士の"仲間づくり"も重要です。母親たちも，子どもたちのために楽しんで幼稚園での活動をしてほ

しいと願い，次の取り組みをしています。

　たとえば，幼稚園の誕生会などのため，幼稚園の設備を使ってクッキーを焼いたり，豚汁をつくってもらったりする，日常の保育の"お手伝い的な"活動があります。また園外保育に参加し，子どもとかかわるような手伝いをしてもらいます。子どもの誕生日の月には，母親たちに集まってもらい，絵本からの物語などを演じていただいています。

　そのため，事前に3，4日の練習，そして小道具製作などのため，母親同士で準備から本番まで20名ほどで取り組みます。ほかにも母の会のサークル活動，園でのバザーの企画と運営などがあります。バザーは毎年委員を募り，担当年度の母親たちがチームに分かれて活動していきます。このような活動をとおして母親同士のつながりがつくられていきます。

　ここから個人的な仲間関係ができたり，助け合いも始まったりします。子どもの問題や悩みが共有されていきます。多くの母親たちが，孤立することなく，園生活を楽しむようになっていきます。母親たちが自分の子どもの状態や成長だけに目をやり，時に神経質になったりすることなく，母親たち同士の多くの関係のなかで，母親自身が子育てや活動の楽しみを見出し，いきいきと活動することを願っています。母親たちの健康的な姿が，どの子もいきいきと園生活を楽しめることに結びついていくのではないかと思います。

◆ めざすべきものを共有する

　保護者，とくに母親たちの活動の意味と目的をはっきりと幼稚園が示すこと，また方向性をもった活動にすることを大事にしています。幼稚園の保育をはじめ，バザーや園外活動などについても，ある目的に向けて，保育者と母親たちが1つになって取り組むこと。それが，子どもたちを支えるうえで大切だと思います。障がいのある子について，またインクルーシブ保育についての話は，発表会や運動会などの保護者参加の場面では必ず取り上げ，さまざまな子どもたちへの工夫，子どもたち同士が仲間とし

てどう過程を過ごしたのか、さらに当日の活動の様子、子どもたちの姿から感じられたことなどについて、率直に話をしていきます。

さまざまな機会をとらえて、思いを共有することをめざし、保育者たちが感じたことを話し、保護者からの話をうかがい、互いの考えを積み重ねることが大事だと思います。どの家庭でも、園での子どもたちの様子や取り組みが共通した話題となり、考える機会をもつことによって、インクルーシブ保育が前進することと考えています。

5節 年間の体験活動をとおして仲間となる

本園では、年間の体験活動を重視しています。前にみたように、園外の自然環境での取り組みなど、さまざまな体験を含みますが、これらに共通しているのは、子どもたちが五感で感じることを大事に、どの子も主体的に自分から動く経験を願うこと、また何気ない日常を意欲いっぱいの生活へとしていくものであるということです。

◆ 日常の保育のなかで

本園では、1年間をとおして、子どもたちが光や風を感じ、四季の移り変わりを無意識に感じることのできる日常生活を大切にしています。春は桜の花びらが舞い散るなかで、秋冬は赤や黄色の葉っぱが風で飛び交うなかで、子どもたちは没頭して遊びます。たとえば、秋ならば木の実や葉っぱを集めての色水づくりやままごと遊びなどをします。

このような環境で、水や砂、土、虫、そして動植物を、子どもたちは体や肌をとおして感じながら扱います。感触や質感、形、重さ、大きさ、量などを無意識に感じて学びます。それらの物をとおしてまわりの人たちをより感じて意識します。

こうした生活は、乳幼児期に経験しなくてはならない大切な学びです。

子どもたちにとって，小さな虫や植物までもが遊び対象です。たくさん集めて袋に入れたり，あたりかまわず花や草を引っこ抜いたりするのですが，次の日にはすっかり忘れて置きっ放しにしてしまったり，昆虫などは死んでしまっていることもよくあります。私たち保育者は命の大切さや動植物との共存を伝えていかなければなりませんが，大人に管理されすぎないところで子どもたちがたくさんの失敗や間違いを経験し，保育者や仲間とそれを考えていく日常になることが，仲間との生活として大事であると考えています。

◉ 体験活動――子どもは"非日常"を探検する

　園生活で規則正しい生活習慣と仲間との活動を繰り返してきた子どもたちにとって非日常的な経験は，いっそう目的意識に満ちた子ども主体の幼稚園生活をもたらすものとなります。子どもたちにとって，時に体験する非日常的な経験は，日常から浮き出た特別なものではなく，日々の生活や家庭で活かされ，日常とつながる意味合いをもつものとなります。

　たとえば，体験活動として夏に年長児のみで宿泊する「キャンプ」では，子どもは家族と離れて子どもたちだけの生活を送ります。子どもたちにとって，キャンプは"非日常の体験"です。食事やお風呂も，母親とではなく友だちとの新たな体験になります。違う環境で，日常と違う新たな経験をすることは，新鮮な"体験"になるはずです。

　大人に頼ればすむ生活から，自分たちだけで行動し，活動を決める生活になります。寝食をともにすることで，仲間と共感する思いが強く生まれます。自分たちで活動できるまでになれば，主体的にキャンプ生活を楽しむ探検へと発展します。山のなかを歩き，自然に身を置き，仲間とともに体と心を十分に使えば，心地よい疲れと充実感のなかでどの子も日頃より深い眠りにつきます。

　自分への新発見もある体験とそこでの存分に味わう子どもらしい生活をとおして，弱さをかかえる友だちへの気遣いや自分から手をさしのべる

5章 ◆ インクルーシブ保育をどう進めるとよいだろうか

年間体験活動

4月	山歩きハイキング 自由参加 （三浦富士でのいちご狩りなど）
5月	開園記念日　人形劇　園遊戯室にて 田んぼ活動　田起こし・田植え 園外保育　年長児地域探検活動 春を感じる遠足　全園児　九十九里海岸での浜遊び（地引網）
6月	尾瀬ヶ原ハイキング 自由参加 （2泊3日，山小屋に宿泊） 田んぼ活動　草刈り
7月	水遊び　プール遊び始め　6月の終わりから7月下旬まで 林間保育　年長児　新潟県八海山スキー場にて（2泊3日） 夏期保育 自由参加（子どものみ） （夏休みプール遊び）
8月	サマーキャンプ 自由参加 （小・中・高・大学生中心の2泊3日）
9月	夏の終わりの会 自由参加 江戸川土手での花火 田んぼ活動　稲刈り 秋を感じる遠足　収穫と秋の田舎道の散策
10月	青空フェスティバル　（運動会）水元公園大芝生広場にて 野外礼拝 自由参加 （緑豊かな公園での礼拝） 園外保育　年長児地域探検活動 田んぼ活動　脱穀・精米 こどもの園コンサート（打楽器，弦楽器，トランペットなど）
11月	青空マーケット（バザー）　幼稚園園庭にて 作品展　1週間作品を展示・祖父母と昔の遊びを楽しむ 警察・消防署訪問 収穫感謝祭　おにぎり（田んぼ活動で収穫）で収穫を感謝する 山歩きハイキング 自由参加 （神奈川県弘法山みかん狩り）
12月	クリスマスペイジェント・祝会（キリストの降誕劇・昼食会） キャンドル礼拝 自由参加 （夜，キャンドルをともして礼拝）
1月	凧上げ　荒川土手グランドにて お餅つき 自由参加 （おやじの会が準備と豚汁づくり，片づけ） 年長スケート教室（全3回保育中に）江戸川スポーツランド 雪あそびキャンプ 自由参加 五日町スキー場（2泊3日）
2月	劇あそび　子どもとつくるグループ活動・劇づくり　遊戯室にて 観劇　近隣の劇場へ　現地集合，現地解散
3月	お別れ遠足　年長，年中（昼食会）ホテルモントレー横浜にて 卒園式コンサート　弦楽3重奏　年長，年中児

＊太字は親子参加（自由参加は親子参加が原則）

やさしい行動も多くの子どもから自然と出てきます。2泊3日のあいだで、どの子も新たな自分を感じ、新たな友だちができます。

◆ **動物とのふれあいをとおして**

　最近の子どもたちをみていると、気になることがあります。入園当初に表情がかたく、人に対して関心がないかのような姿をみせる子どもたちが多くなってきていることです。こういった子どもたちは、人とふれあう（子ども同士のじゃれあい）経験が少ないことに加え、汚れを気にしないで遊ぶこと、いたずらの経験や虫・動植物と親しむ経験などが極端に少ないようです。子どもたちは本来、そうしたことに興味をもち、自分からしたがるはずと思うのですが、最近では、たとえば虫を見ただけで、避けて逃げ回る子が少なくないのです。

　本園の経験では、新入園の3歳児など、不安で泣き続けたり、落ち着くまで時間がかかったりする子どもでも、動物とのかかわりを繰り返すと、気持ちが落ち着いていくことが多くあります。

　泣き続ける子どもがいたとしても、そばで担任が野菜やパンを包丁で切りながら話しかけてみます。ニワトリやアヒルのえさづくりです。鳥小屋に行き、つくったえさを保育者がニワトリにやる様子を目にするうちに、数カ月かけてその子も話し始めたり、えさづくりを手伝ったりし始めます。何気ない動物の様子や動きから保育者との話が始まり、いつしかうち解けて笑うことも増え、少しずつ保育者との関係も築かれます。

　春の新学期は、園庭の小さな昆虫に子どもたちが驚き、新たな発見に喜ぶときです。虫をとおして、子どもと保育者との共感が生まれます。こんな日常が繰り返されれば、保育者との関係が虫を介して深まり、楽しさが増す幼稚園生活になるはずです。

　"命ある生き物"への意識がもちにくい子どもたちであっても、思いどおりにならない動物とのかかわりをとおして、きっと子どもたちは肌で生き物を感じ、受け入れていくことでしょう。動物とのかかわり方もしだい

にやわらかく，やさしいものになっていきます。動物や虫をとおして育まれる，気持ちの"やわらかさ"にかたちはありませんが，さまざまな子どもたちがかかわり合う園生活においては，とても大きな意味があるように感じています。

◆ 楽しんで参加するボランティアとともに

宿泊を必要とする活動や日常から離れた（予想しにくい）経験を試みるような場合，また障がいのある子どもたちや配慮を要する子どもたちが参加する場合には，保育者に加えて補助者が必要になります。ボランティアの方々の助けは，保育者と違った意味でそうした取り組みへの大きな力となります。

本園では，小学生から大学生までの本園卒園児とその仲間，また卒園児の保護者とその関係者などがボランティアとして，楽しんで参加してくれます。

子どもたちは，保育者とはまた違ったかかわり方で遊んでくれる元気なお兄さんややさしいお姉さん，温かなおじちゃんといったふうにかかわります。子どもたちとボランティアの方々が自然と仲よくなるので，全体がやわらかな雰囲気になるようです。

また，甘えたい子には甘えさせてくれたり，思い切り遊びたいときにはいっぱい遊んでもらったりと，保育者ではそこまでできない子どもたちの小さな隙間のニーズにつきあってくれるのです。弱さをかかえる子どもたちもボランティアの方々に助けられ，園外でのちょっと不安な体験も乗り切ることができるのです。

ボランティアの方々の存在によって，保育者もたくさんのことに気づかされ，学び，助けられます。多くの方々に支えられ，子どもたちとの生活が成り立つという思いも実感できます。ボランティアの方々をはじめ，地域の方々，関係者の方々に支えられて，子どもたちの幼稚園生活と保育があることがわかるのです。

6節 卒園した子どもたちとともに

◎ 心地よい居場所づくりの実践「たんぽぽの部屋」

　本園では，在園する子どもへの保育以外に，卒園児向けの取り組みもしています。その1つが，この「たんぽぽの部屋」です。障がいのある子どもたちが中心の地域活動です。

　小学校1年生から20歳までの卒園児20数名ほどが，放課後等に幼稚園に来て過ごします。通称「たんぽぽの部屋」の活動です。宿題を持ってきたり，好きな遊びを一緒にしたり，物をつくったりします。また青年たちの部では，生活体験として数人の仲間とスタッフとで，買い物や休日のお出かけなどをします。たんぽぽの部屋は，学校以外で自分なりの余暇を楽しみ，大切な仲間と"落ち着ける場"，また"自分を表現できる居場所"として設けました。

　個別的に学習的な活動をした時期もありましたが，現在は学習にとらわれず，2，3人の仲間との活動をすることを基本にしています。大切にしているのは，学校で疲れ，落ち込んでいるようなときでも，この部屋では，思いを受けとめられること，そして部屋では落ち着いて楽しんだり行動やことばで率直に思いを吐き出せたりする場でありたいと考えています。

　必要に応じて，スタッフはその子の学校公開日に見学に行ったり，保護者面接で家庭での様子を聞いたり相談を受けたりします。また，学期に一度程度，ここでも父母会を開いて情報交換を行ったり，テーマをもって話し合いをしたりしています。話し合いのなかから，学校でかかえる問題や仲間関係，年齢による難しさなどの生きた話題が出されることも少なくありません。この場をとおして，保護者同士で問題を共有し，助け合う姿もみられます。

　幼稚園としても，卒園後の子どもたちの成長や問題をフォローできるので，園として学校訪問を行うこともしています。

5章 ◆ インクルーシブ保育をどう進めるとよいだろうか

◎ ハイキングやキャンプで

　園で行うハイキングやキャンプには，卒園児のなかに障がいのある卒園児も多く参加しています。

　小さな子どもたちに声をかけ，一緒に歩いたり，その子たちから助けられることもあります。また，高校生になった今も当時の仲間とともに活動を楽しんでいる，ことばが少ない自閉傾向のある子どもなどもいます。参加する保護者も子どもたちも，さまざまな仲間がいることが自然なことですし，無理して世話することもなく，しかしだからといって，その存在を無視することなく，ともに当たり前に参加して過ごしていきます。

　このような活動が，社会のなかにいくつもあるべきではないでしょうか。学校だけの友だちが生活すべての仲間関係ではなく，近所の仲間や習い事の仲間，幼なじみの友だちなど，障がいがあっても，そこで自分をさりげなく表現できる（仲間が自然と迎えてくれる，受け入れてくれる）場所の1つとして，さまざまな子どもたちがその子らしく参加できる場でありたいと考えて取り組んでいます。

◎ 教会と幼稚園の関係

　戦後すぐの時期，葛飾区でも当時は田んぼのなかに教会が建てられ，その教会のなかで翌年に当幼稚園が始まりました。現在，日曜日には幼稚園児から大学生まで約100名を超える子どもたちが集まり，礼拝を行い，仲間とすごす楽しい時間となっています。教会の礼拝もほとんどの会員は，幼稚園の卒園児とその保護者というのが実状です。少し不自然かもしれませんが，この教会の大きな特徴ともなっています。

　幼稚園との関係も密であり，幼稚園関係者は誰もがいつでも，気軽に参加できる場になっています。保育者も交代ではありますが参加していますので，いつでも会うことができます。障がいのある子どもたちにとっても参加しやすく，受け入れられる場になっているのです。参加している大人にも子どもにも自然な場所ですので，現在は，40歳をすぎた卒園児で障

がいのある方々も5，6名，日曜日に教会には顔を出して，ともに活動しています。

　幼稚園在園時のつきあいだけでなく，生涯にわたってかかわり，交流できる場所としても，教会はよい場になっているように感じています。

5章 ◆ インクルーシブ保育をどう進めるとよいだろうか

Report

保護者のまなざし——息子の3年間を振り返って

■不安のなかでの幼稚園探し

　息子の障がい（自閉症）がわかったのは、ちょうど幼稚園を決める2歳の11月頃でした。赤ちゃんのときから仲のよかった友だちと「スポーツをたくさんやっている幼稚園がいいかな？」「この幼稚園はみんなお行儀よくてうちの子もこんなふうになれるかな？」と、同じ幼稚園に行こうと近くの幼稚園に願書を出して面接をしました。

　息子は3カ月頃から発達に遅れがあると言われ、首座りからハイハイ、つかまり立ちのすべてが遅く、歩き始めたのも1歳8カ月でした。そんな息子ですから、面接でも私から離れるのをいやがり、名前も言えず、先生の指示も何1つ聞けませんでした。当然のように「もう1年自宅で様子をみて来年もう一度……」とやんわり断られました。ほかの幼稚園もすでに願書提出期限が終わり、あきらめかけていたところ、発達検査をお願いしていた病院から葛飾こどもの園幼稚園を紹介していただきました。葛飾こどもの園幼稚園もすでに入園者が決まっているなか、事情を説明すると「一度見学にいらしてください」と言っていただき、正直なところ、藁にもすがる思いで見学に行ったのでした。

　園では、肢体不自由の子やダウン症、自閉症等の子どもたちが障がいのない子どもたちと少しも変わりなく自然に遊んでいました。自閉症の子どもたちは、園長先生に教えてもらわなければ見た目にはわかりませんでした。というより、教えていただいても、「本当？」と思えるくらい、みんなと普通に遊んでいるのでした。

　園は自宅からは遠く、毎日車で送り迎えしなければならない距離でしたが、「絶対にここに通わせたい！」とすぐに思い、園長先生にお願

いしました。わがままな申し込みにもかかわらず、その後、快く受け入れていただき、4月には無事に入園式を迎えることができました。

■はじめての幼稚園——入園式で

入園式は天気もよく、気持ちのよい日でした。桜満開の園庭で写真を撮っていただき、さて外階段から2階の遊戯室へ行こうとすると、急に息子は大泣きです。新しいことが苦手な息子は、どうしても遊戯室に行くのをいやがります。困っていると、「担任の○○です。落ち着くまでここで一緒に遊んでいましょう」と担任の先生がすかさず声をかけてくださり、一緒に遊んでくれたのでした。

私と息子と先生の3人しかいない静かな園庭には、遊戯室からの賛美歌が聞こえてきました。しばらく遊んでそろそろ……と思いましたが、なかなか2階へ行くことができませんでした。見学に来たときは大丈夫だったのに、今日はやっぱり雰囲気が違うのかな？　と思ったそのとき、ふと思い出したのは、「そういえば今まで見学に3回来て外階段を上ったことがない、中階段なら……」と思い当たったのです。担任の○○先生にもそれを言ってみました。「それ、やってみましょう！」と、すぐに先生は息子を誘い、中階段から2階へ……。こちらの気が抜けるほどごくあっさり、遊戯室へ入っていったのです。けれども、安心したのもつかの間、遊戯室に入った息子は園長先生がお話をしている中央に出て行き、うろうろ始めたではありませんか。「どうしよう、恥ずかしい」。そう思いながらまわりを見てみると、無理に引き戻そうとする先生もいなければ、迷惑そうな顔をしている母親たちもいません。皆様ほほえましいという顔をしています。とても不思議な感じでした。そんな初日の始まりで、息子の幼稚園生活はスタートしたのでした。

■年少児としての1年

1学期当初はゆっくり登園し、1時間から徐々に30分ずつ延ばしていき、1学期最後には弁当を持って、みんなと同じ時間をすごせる

よう進めていきました。はじめの1時間は、遊戯室に障がいのある子たちが多く集まり、先生たちと遊んでいました。世話好きの年長と思える子どもたちも混じっていて、障がいがあってもなくても楽しく一緒にすごせる空間のようでした。その後は、各クラスに分かれてクラス活動や年齢別の活動をしているようでした。

園外保育という緑が豊かな公園等での活動には、ほかの子の母親がボランティアとして息子と一緒に歩いてくださいました。皆と一緒に行動するのが苦手でマイペース、そして気持ちを伝えられない息子と歩くのは親の私でも大変で疲れてしまうのに、そのボランティアの母親は、枯れ葉に夢中で動かなかった息子に、「一緒に落ち葉を拾ってベンチに座って楽しかったよ」と言ってくださったのです。また、線路で電車を見て動かなかった息子に「電車が大好きなんだね」と声をかけてくれました。親として、とてもありがたいことばでした。

幼稚園での様子は、まだまだ友だちと一緒に遊ぶのは難しくて一人遊びが多いようでした。でも、3学期の劇遊びでは、息子が一緒に劇に参加できるように、クラスの子どもたちが皆で考えてくれました。「H（息子）はパン屋さんの歌が好きだから」と歌を取り入れてくれ、何とか一緒に参加することができました。

また、肢体不自由の子どもがいるほかのクラスでは、リレーで「肢体不自由の子は走れないからダメ」ではなく、どうやって参加しようかと子どもたちが考えていました。最後には、「そりをつくって足の速い子が2人で引っ張ろう」と子どもたちがアイディアを出し、ダンボールでそりをつくり、運動会当日にバトンを渡す子どもたちの姿はとてもすばらしい光景に思えました。どんなときも、先生が「こうしましょう」ではなくて「どうしたらいい？」と言います。大人では気がつかないような発想が子どもたちから飛び出します。相手の気持ちを考える力が自然に身についていっている、と思いました。

■ "どきっ"とした友だちのことば

　年中になってクラスや先生が変わり，変化が苦手な息子はしばらくもとのクラスへ行くことが多かったようです。でも，少しずつ自分の居場所を見つけてクラスの仲間もわかるようになってきたのか，友だちの近くに行って遊ぶことも増えてきました。しかし，おもちゃの共有や貸し借りなどはまだできず，気持ちをことばで伝えることができません。おもちゃの取り合いになり，友だちを傷つけてしまうことが増えてしまいました。幼稚園の隣の公園で遊んでいると，年少の男の子がかたわらで見ていた私のほうに来て，「あの子ね，悪い子なんだよ」と息子のほうを見て言いました。私はドキッとしながら「どうして？」と聞くと，「お友だちを引っかいたりするんだよ」と言います。困った私は「そっか。じゃあ，今度見つけたら『ダメだよ』って教えてあげてくれる？」と言うと「うんっ，わかったよ」と言うなり，その後は２人で仲よく遊んでいました。その切り替えの早さに，大人の私としては不思議な気持ちと，ありがたい気持ちが交錯しました。

　年中も後半になると少しずつ相手を傷つけることもなくなり，一緒に追いかけっこをするなど，外で遊ぶ姿が多くみられたりするようになりました。私も数々の行事に子どもたちと一緒に参加させていただきました。ほかの子どもたちと遊ぶなかで，学ぶことが多いとつくづく実感したものでした。

■ 年長の"林間保育"（お泊り保育）を終えて

　息子も，年長になると環境の変化への対応も早くなりました。クラスや先生が変わったことも何となく理解できているようで，落ち着いて幼稚園に行けるようになりました。

　しかし，夏休み前には，園生活の一大イベント，２泊３日の林間保育が待っていました。はじめて母親と３日間も離れて先生とクラスの友だち（年長）だけですごします。自分でできることの少ない息子です。トイレや着替え，食事などが心配です。食べられるものが限定されて

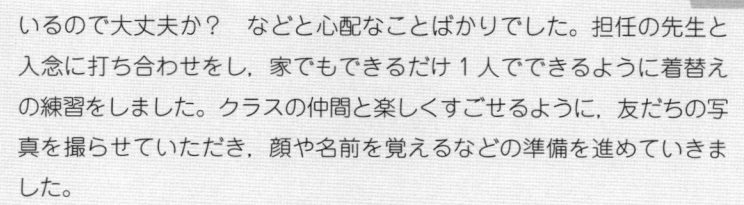

いるので大丈夫か？　などと心配なことばかりでした。担任の先生と入念に打ち合わせをし，家でもできるだけ1人でできるように着替えの練習をしました。クラスの仲間と楽しくすごせるように，友だちの写真を撮らせていただき，顔や名前を覚えるなどの準備を進めていきました。

　当日の朝，バスを見送ったあいだも不安でいっぱいでした。翌日に何人かの母親たちと現地（新潟県八海山）へ行き，子どもたちにバレないように遠くから様子をみさせていただきました（この参加は幼稚園からの要請でもありました）。息子の元気な姿にひと安心でした。夜になって子どもたちが寝た後に先生たちと合流し，2日間の様子を聞きます。ボランティアの学生にとても世話になり，スムーズにすごせたとのことでした。翌日も午前中の様子を少しみて，先に東京に戻って，ほかの母親たちと一緒に幼稚園で迎えることにしました。わが息子は，私の顔を見るやいなや一目散に駆け寄って，私に抱きついたのです。私も，心から「お帰り，がんばったね」と声をかけたのでした。

　驚いたのは，その後の息子です。林間保育が終わるとすぐに夏休みでしたが，びっくりするくらい，息子は自分でできることが急に増えていきました。今までグルグルとかグチャグチャの線しか描いていなかったお絵描きも，アニメの絵を描いたり，ひらがなやカタカナ，アルファベット，数字など，100ページあるお絵描き帳を毎日1冊使ってしまうほど描きました。林間保育前はなかなか興味を示してくれなかった友だちの写真を持ってくることもありました。「Aちゃん」と私に教え，友だちの名前を書くのです。友だちへの興味も，今までとはまったく違う息子の姿にまた驚きました。

■クラスの仲間とともに

　夏休みが終わって幼稚園が始まり，友だちに近づいて追いかけっこをしてニコニコ走り回る姿もたくさんみられるようになりました。幼稚園に行くのが楽しくてたまらないようです。休日・祝日も，幼稚園

のかばんを持ってきて行きたそうにアピールします。登園の日にも，「Aちゃんも，幼稚園に行くよ」と口にすると，息子はすごい速さで準備をするようになり，友だちへの関心もとても出てきたのです。

　秋には，青空フェステバルがあります。今年は年長リレーです。どうやったら息子がうまく走れるか，「Hは追いかけっこが好きだから『まてまて〜』って誰かが追いかけたら走るんじゃない……」と言う子どもたち。そして運動会本番は，「Hがんばれ〜」の大声援も受け，リレーは大成功でした。ただ，ダンスのほうは……。そうそうすべてがうまくいくわけではないのですが，子どもたちはいろいろと対策を考えてくれました。

　秋の次のイベントは遠足です。息子はどうやら，年中のある女の子Bちゃんと，林間で仲よくなったある年長の女の子Cちゃんが気になったようです。毎日，ニコニコと誘いにいっていたようでした。遠足で一緒に活動するグループ分けのときには，みんなが気にかけてくれたようでした。「H君は，BちゃんとCちゃんが好きだから同じチームにしたらきっと大丈夫だよ」と言われ，思わず息子の顔を見てしまいました。親子遠足に出かけると，やはり2人に手をひかれています。「H君，こっちこっち！」。3人で歩く姿はとても楽しそうにみえました。こうして，先生やほかの母親たち，ボランティアの皆さんに助けられてすごした日々は，息子にとっても私にとってもとてもありがたく貴重な体験でした。息子が障がいのない子どもたちとすごした日々は，期待どおりでとても自然なものだったと感じます。

■小学校入学を目の前にして

　小学校入学に向け，特別支援学校・学級の見学，体験・面接をしま

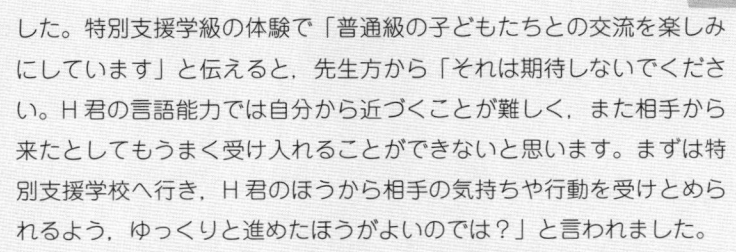

した。特別支援学級の体験で「普通級の子どもたちとの交流を楽しみにしています」と伝えると，先生方から「それは期待しないでください。H君の言語能力では自分から近づくことが難しく，また相手から来たとしてもうまく受け入れることができないと思います。まずは特別支援学校へ行き，H君のほうから相手の気持ちや行動を受けとめられるよう，ゆっくりと進めたほうがよいのでは？」と言われました。

　正直，私は「ハッ」としました。この幼稚園で少し甘えすぎていたかもしれない？　社会では，息子に合わせてくれる人なんてそんなにいないんだ……。H自身が努力して，相手の気持ちがわかるようにならなくてはいけないんだ……。思い知らされました。でも，本当にそうだろうか？　とも思いました。

　たとえば，車いすを使う肢体不自由の人でも，自分で少しでもできることを増やすように訓練するでしょう。段差もバリアフリーにしてもらっています。身体ではない自閉症という障がいのある息子のHも，同じように相手の気持ちの理解に向けて訓練も必要でしょう。しかし，この幼稚園での生活のように，子どもに合わせてたくさんの"心のバリアフリー"をつくっていただければ，それが何よりではないかと思うのです。

　この幼稚園の先生，子ども，保護者の皆さん，そして私やHのまわりにいるさまざまな方々が，ごく自然にバリアフリーをつくってくださっていることに，あらためて感謝します。そして，この輪がどんどん広がっていってくれたらと親として心から願っています。

6章
インクルーシブ保育を深めるために

インクルーシブ保育を行うためには絶えざる保育の見直しが求められます。保育のあり方を変える，子どもたちから突きつけられる保育の見直しを真摯に受けとめ，保育者間で話し合いを重ねて，子どもたちの気持ちや思いに寄り添うことを大切にして日々取り組んでいます。

1節 保育者の専門性を見直す

◯ 保育のあり方を考える

　私たち保育者は，"個性を伸ばす"や"相手を思いやる"などを保育の目標にあげていることが多くあります。しかし実際には，30名前後のクラスの子どもたちを前にして，保育者が子どもたちの安全を効率よく管理して保育者自身の自己満足のための保育が繰り返されると，いつしか表現活動の見栄えを整えることに力を注いでいることに気づくことがあります。クラス全員が同じように活動すること，同じように表現できることを求めていくと，さまざまな違いのある子どもたちの保育においては，どこかで無理が出てきて子どもも保育者も苦しくなってきます。同じことが「できる／できない」というとらえ方ではなく，子どもそれぞれの違う持ち味が活かされ，自然に子どもたちが互いの違いを認め合うことのできるような集団となっていくことが大切なのではないでしょうか。

　このような保育をするために保育者は，1年という長い時間をかけて一人ひとりの子どもと向き合い，ともに感じ合える関係を築いていきます。子どもたち一人ひとりとの地道なかかわりの積み重ねをとおして，その子の小さな思いと向き合っていくと，互いに素直な気持ちを出すことができるようになり，その子の姿が少しずつ見えてくるようになります。そのうえで"そのクラスの子どもたちの色"を活かした活動をつくっていくことが大切ではないでしょうか。そして，行事や父母会，保育参加，保育参観をとおして，保護者を巻き込んでともに考えていく場をもっていくことまでが保育であると思うのです。

◯ インクルーシブ保育の目的

　日常生活においてさまざまな困難さや弱さをある時期，またある期間感じているであろう子どもを受け入れて，仲間としていく保育は特別なこと

6章 ◆ インクルーシブ保育を深めるために

ではなく,むしろ自然なことであると考えます。ですから,インクルーシブ保育は目新しいことを一から考え出したり,療育的な専門性を学んだりしなければできないという保育ではないように思います。

では,このインクルーシブ保育がどのようなことをめざし,どんなことを大切にしているのかをあげてみます。

・人とのかかわり合う生活をとおして,よく知り合い,理解され,互いに成長し合っていく集団となっていくこと
・どのような子どもであれ,"その子らしく表現"することが自然と認められ,豊かに生活していくこと
・子どもや保護者との生活から,かかわるすべての人がともに生きていくことを学び合い,考えていくこと

私たちは保育者の立場から,子どもたちや保護者たち,そして社会に対して訴えていくべきことを考えていく必要があるように思います。保育者は,子どもたちの姿から感じて学んでいくのですから,子どもたちと一緒に共感するような生活をとおしてともに笑い,泣き,驚き,怒り,喜ぶのです。このような経験から仲間や保護者とともに,これから生きていく社会を考えることがインクルーシブ保育の目的であるように感じています。

◯ 今なぜ,インクルーシブ保育なのか

同じクラスに障がいのある子がいたとしても,ただ一緒のクラスというだけではその子を"知り,理解していく"ということにはつながりません。遊びや活動をとおして自分との違いを明確に肌で感じつつも,ともに生活していくことです。それには,何事にも柔軟に対応していくことのできる日常生活をとおした経験が必要です。日々起こる"思いどおりにいかない出来事"に対しても,答えを与えるのではなく,ともに考え,保育者の思いや考えも伝えていきます。こんな日常生活から,子どもたちは自分と違う友だちを感じ,その経験をとおして体で理解していくようになるのです。たとえば,ことばで表現できずに体で思いを伝えてくるような子を自

然に受けとめ，子どもらしく理解しようとする姿は，コミュニケーションを学んでいくこの幼児期に大切な経験になると思います。こういったことは，現代の社会において考えていかねばならない，人種を超えたさまざまな人々とともに生きていく広い視野をもった生き方を学んでいくことにつながっていくように感じます。

◆ 保育をあらためて見直していくポイント

さまざまな子どもたちと生活するインクルーシブ保育は，特別なことをしなければならないということではありませんが，仲間たちとともに育ち合っていくには，それぞれの園なりに保育を見直し，あらためていかなければならないことも出てくると思われます。そのために，保育を考え直すポイントとなる5つの項目をあげてみます。

①保育者から一方的に教えよう，助けようとしすぎる"子どもの気持ちを察しない保育"
　→気持ちが伝わらない，できない子と決め，自分で考え動けるような環境を準備しない

②障がいの診断名を特定して「〜障がいだから」と納得し，"枠にはめて考えようとする保育"
　→"障がい"を特別なものと考え，障がいの特性だけでその子どもを理解しようとする

③個別的に1対1で担当者（担任以外）を付け，"担任との関係を築こうとしない保育"
　→クラスでの仲間づくりをあきらめ，周囲に迷惑をかけないよう，また安全のために追いかけ回す

④「みんなと同じことができること」が目標となり，見栄えよい保育のために"がんばらせる保育"
　→"できないこと"を問題視し，その子らしい表現に目をとめて保

育に活かす発想が生まれない
⑤子どもの成長や状態に合わせようと考えず，毎年"行事や活動の見直しをしない保育"
　→さまざまな子どもの様子や状況に応じて柔軟に考えることなく，毎年同じ保育を繰り返す

　この5つの項目を考えていくうえで前提として必要なことは，障がいのある子どもを「特別な子ども」であるという考え方を改めるということです。まず保育者自身の"自分には理解できない子"という固定観念を改め，1人の"気持ちや思いのある子ども"としてかかわるということが出発点ではないでしょうか。
　では，一つひとつ詳しくみていきましょう。

①保育者から一方的に教えよう，助けようとしすぎる"子どもの気持ちを察しない保育"

　話すことができないような状態の子どもを目の前にすると，保育者は「この子はみんなと違って"気持ちが通じない子"」と無意識のうちに思い込んでしまっているようなことはないでしょうか。そうなると，「規則を教えなければ集団生活がうまくいかない」と，子どもの行動を否定するかのように抑えて言い聞かせたり強制したりする場面が増えていきます。
　しかし，まず大切にしたいことは，その子は何を望んでどんなことを遊びとしているのかを理解していくことです。その遊びとは，たとえば，ひらひらと揺れながら落ちる紙や葉っぱの様子を楽しんで何度も落とすことを繰り返しているようなことであるかもしれません。保育者としては，友だちと遊んでほしいとか，絵を描くように何かをつくってほしいとか考えるかもしれませんが，そのときのその子にとっては心地よくて楽しい遊びの1つであるのかもしれません。その子どもの思いにつきあっていくことにより，信頼する気持ちが生まれてきます。ですから，いたずらのよう

な，またみんなと違った行動や遊びが園としてどのようなことまで認め受け入れていくのかを，全保育者で確認して共有していく必要がでてきます。

　このように，まずその子を理解しようとかかわると，どのような子どもであってもその子なりに気持ちを表現し始め，保育者に受けとめられることの喜びを経験していきます。そのうえで，保育者の思いや規則をその子なりに時間をかけて，その子なりのタイミングで，その子なりの理解の仕方で少しずつ体得していきます。子どもの思いを理解しようとする保育者の姿勢が「教えなければならない」から「子どもの声を聞き見守る」という，相手を信頼する保育へと変えていくのではないでしょうか。

　②障がいの診断名を特定して「～障がいだから」と納得し"枠にはめて考えようとする保育"

　障がいや病気があるというと，まず私たちは「どんな障がいか」「どんな病気か」と確認します。そして，「こんな感じの子だね」と障がいの診断名からその子の行動や特徴を無意識のうちに決めてかかる危険性があります。決めてかかるということは，「その子のことを知ろう」「仲よくなろう」とすることがおろそかになり，一緒の保育をはじめから想定せずに，補助的にかかわるようになってしまうことにもなりかねません。

　どのような障がいがあっても一人ひとりみんな違った個性をもつ子どもたちであり，同じ障がいの診断名であっても生活してきた環境などによって一人ひとりの性格も行動も違います。医学や療育の立場とは違い，保育者はその一人ひとりの子どもと毎日の生活や遊びをとおしてかかわることから始まります。そして，1年という長い時間をかけて子どもが保育者に心を開き，保育者が1人の個性豊かな子どもを「いとおしい」と感じることのできるような関係が築かれ，"気持ちのつながる保育"がつくられていきます。クラス担任のこのような保育が，子どもたちやその保護者へと伝わっていき，どのような子どもであっても1人の個人として尊重していくことができる保育となっています。

③個別的に1対1で担当者(担任以外)を付け、"担任との関係を築こうとしない保育"

　はじめて出会う子どもの障がいや病気の重さに戸惑い、「生活面の補助や危険、事故などからこの子を守らなければ」と園や保育者は使命を感じます。たしかに健康と安全は守られなければなりませんが、そのためだけに担当者が子どもを追いかけ回しているような日常では、経験から学んだり違いを認め合う保育にはなっていきません。

　ここで問題となるのは、幼稚園に参加することはできてもクラスの仲間とかかわりをもち、その子にとってクラスが居心地のよい"居場所"になるかということです。そのためには、クラス担任がその子のことをよく理解していて(親との継続的なコミュニケーション・情報交換が大切)、ことあるごとに気にかけていることが前提となります。そのうえで、クラスの仲間にその子らしさが自然と伝わっていき、ある程度の変則的な行動でも仲間から認められている、という空気ができていくことが大切です。このことは1年をかけて積み上げてつくられていくものですが、その配慮が必要な子どもの担当者とは別に立てられるのであれば、クラス担任と保育を振り返り、次の小さな作戦を立てることができるようにもなっていくことが必要です。お互いにその子に何を求め、今後どのような子どもになってほしいのかなど、思いを共有することです。そして、時には立場をかえてクラス担任がその子とかかわりよい関係をつくっていくことができたら理想的です。そうした楽しそうな保育者の姿が子どもたちに大きく影響し、保育者の伝えたいことが、ことばではなく行動から自然と伝わっていくのです。

④「みんなと同じことができること」が目標となり、見栄えよい保育のために"がんばらせる保育"

　それぞれの幼稚園にはさまざまな保育のかたちがあり、めざす子どもの姿にも違いがあります。そして、どの幼稚園にも弱さや援助が必要な子ど

もたちがいることも確かなことです。それは障がいが「ある／ない」でラインを引いた単純なものではなく，どのような子どもでも小さなうちは助けが必要ですし，生活してきた環境により個性が際立っている子どもや性格にゆがみが感じられる子どもたちも少なくありません。また，手先の器用さにも大きな差がある場合もあります。ですから，仲間と１つの物事をつくっていく活動において"できないこと"が仲間のなかで際立ち，問題視されるようになってしまうことは考えなければなりません。さまざまな子どもがいるなかで，高すぎるところに目標を置くことになってしまうと，子どもも保育者自身も苦しくなってくるのではないでしょうか。その目標を越えていく子は達成感を感じるかもしれませんが，越えることのできない子や時間のかかる子どもに対する保育者の態度や姿は，よく保育を振り返って考えなければなりません。まわりの子どもたちに「できる／できない」や，ただの"弱いもの"として映ってしまうのはいかがなものでしょうか。

がんばらせることは悪いことではありませんが，がんばって越えていける一人ひとりの違った目標の内容や設定が重要なのではないでしょうか。

⑤子どもの成長や状態に合わせようと考えず，毎年"行事や活動の見直しをしない保育"

幼稚園，保育所での保育や活動は，毎年のあわただしさのなかで見直すことをせず，同じ内容や計画を繰り返すことが多くあるように感じます。そして，保護者が見学する活動などでは，ともに楽しめないであろうと想定される子どもが，「我慢して座っていられるのか」「参加しているように見えるであろうか」を心配して検討されます。しかし，それは"その子"が楽しむためではなく，その場が壊されず，まわりに迷惑が及ばないための検討がなされている場合が多いのではないでしょうか。

内容を理解したり楽しんだりするために，"その子"に合わせたちょっとしたアイディアや工夫が事前に話し合われていくと，まわりの子ども

たちも"その子"に意識が向き,「先生が大切に考えている仲間」であるとみるようになっていきます。このように関係を積み上げていくと，3学期にはどのような子どもであれ自然とお互いが相手を気にかけて，"いつもの居心地のよい仲間"と感じながらともに過ごすことができるようにもなっていきます。

　園全体で"1人の子"を理解しようと，複数の保育者の多面的なかかわりが増えてくると，そのときどきに合わせて保育を柔軟に工夫する空気や，そのときの子どもに合わせて保育を見直していくことが当然であるような，園の文化がつくられていくように思います。

◯ "しっかりとかかわり知る"ことから始まる
○子どもの"思い"に近づいてみる
　私たち保育者は，子どもの生活習慣を身につけることや社会のルールなどを集団生活のなかで守らせることが仕事であると考えますが，クラスをまとめるその前に，一人ひとりの子どもたちと相互に気持ちが伝わるような関係を築いていくことを大切に考えなければなりません。

　保育者として私たちがまずはじめにしなければならないことは，今大切にしたいと考える1人の子ども（不安である，友だちとのかかわりが乱暴，遊べない，保育者に素直な気持ちを伝えてこない，気持ちがみえてこないなど）に焦点を当てて，1日のうちのある時間（数分からケースによっては1日の場合も）かかわってみます。最初は遠目からどんな場所で誰と何をしているのかを観察することから始め，何日かかけて，徐々に遊びの邪魔にならない程度にその子の近くに座り込んで何気なく様子をみたり声をかけてみたりします。このような投げかけに返してくる反応などから，少しずつ子どもの状態や気持ちを探り，かかわるタイミングをみます。

○"その子"と楽しさを共感する
　徐々にその子が気持ちを向けてくれるようになってきたら，ゆっくりとかかわってみます。絵本を読んでみたり，好きな手遊びや身体接触遊

び（高く抱き上げる，肩車，揺らすなど），感触遊び（水，さらさらな砂，泥，フィンガーペイント，砂場，泥粘土など），生活に則したごっこ遊び（電車，お店，ままごとなど），大胆な新聞紙遊び（新聞紙を手で千切る，丸める，投げる，絵の具をぬたくるなど）などでかかわってみます。子どもと適度の距離をおき，無理にさせようとするのではなく，子どもから話しかけてきたり，こちらの投げかけに自分から動いてきたりするようになるまで時間をかけて待つようにします。1日の流れからすると数分という短い時間であるかもしれませんが，大切に向き合ってその子の考えていることや好きなこと，特徴，生活の仕方などが少しずつみえてきます。このようにして1人の子どもとの楽しさを共感する場をつくってみます。

◆ 一人ひとりを覚え，保育がつくられていく
○子どもとの"つながり"からみえてくるもの

その子とのかかわりができてくると，興味があることや一緒に楽しめる遊び，友だちとのかかわりの様子などもみえてくるようになります。そうなると，クラスのなかではどのように指示を出したら理解しやすく伝わるのかなど，ともに活動するための方法も少しずつ意識できるようになっていきます。そして，保育者にその子との"つながり"ができてくると，時にはクラス活動のなかにその子が楽しめる遊びを入れてみたり，意識してその子に声をかけたり，また活動から外れてほかの遊びをしていても無理に参加させようとするのではなく，視野に入れながらも"今の彼には無理をさせず，明日は1人でも楽しめるほかの用意をしよう"というように，1人で遊ぶ姿や活動に参加できない状態を認めることができるようになり，次につながる保育が何となくみえてくるようになります。

○その子の表現方法を仲間が認めていく

クラス活動などにおいては，さまざまな子どもによって違うねらいや活動方法，そしてそのための道具や教材，素材などの準備が必要となります。折り紙をきれいに折って台紙に貼っていくような遊びを考えるのであれば，

たとえば，ねらいは"折る，切る，貼るを楽しむ"とするとします。"折る"は目的やイメージがなくて無造作に折られたり丸めたり，また"切る"は形を意識せずに切ること自体を楽しんでいたり，ハサミではなく手で千切ることに集中していたり，"貼る"はバランスよく台紙に貼るのではなくて何重にも重なっていたり，糊がべたべたに塗られていたりするようであっても，「～ちゃんは勢いがあって素敵だね」「ハサミではなく手でもちぎるとおもしろいんだね」などと，クラスのみんなの前でその子の活動を"その子らしさ"として認め，喜び，受けとめていくのです。まわりにいるクラス全員の子どもたちに対しても，「あの子はハサミが使えないからダメなんだ」ではなく，間違えや正解のない表現のすばらしさを大切にして，「手でちぎると，こんなに楽しくなるんだね」「みんなもやってみたら」と話し，手で千切る楽しさを子どもたちに伝え，自分らしく自由につくり出していくという考え方を保育者同士も，そして保護者とも共有していきます。

◆ 子どもとつくっていく保育を考える
○保育者の言動や思いが，クラスの空気をつくる

私たち保育者は，3歳児であれば4月生まれと3月生まれの違いや性別，今までの生活環境などの違いだけを取り上げても，それぞれの子どもたちに同じ課題を与えて同じような完成度を求めることの難しさを感じることがよくあります。また，運動能力に遅れのある子どもの場合や友だちと遊ぶことに興味や関心が薄い子どもの場合，自然と集団の輪から外れていき，一緒に活動すること自体が消極的になってしまいます。そうなると大抵の場合，その場を避けるように抜け出して1人で興味のあることにのめり込んでいったり，目的なくぶらぶらしていたりする場面が多くみられるようになります。保育者がその子と個別的にかかわって活動に参加するための補助をしたとしても，本人に仲間と共感するような思いが生まれてくるような活動とならなければ，心地よい仲間活動にはつながってい

きません。ましてや，スピードや体の動きを正確に合わせることを求めるような活動についていけなくなると，居場所がなくなり，まわりから"問題"と受けとられるような行動をするようにもなっていきます。そして，困ったようにつぶやく保育者の表情や言動・行動が，まわりの子どもたちの"その子を見る目"をつくっていきます。大好きで信頼のできる先生のあきれて困っている様子をみて，先生がどう感じているのかをすぐに読みとり，無意識のうちに「あの子は"できない子"」とか「言うことを聞かない"悪い子"」などと感じることにつながってしまう危険性が出てきます。

　○その子らしさが認められていく
　"子どもとつくる"という保育は，つねに子どもが考え出すことが大切にされ，さまざまな子ども同士が気持ちのやりとりを繰り返し，子どもが主体となって保育者とともに進められる保育です。その日の計画から外れてしまうような出来事が子どもたちから起きても，子ども主体の保育となるために必要であれば，取り上げて活動に活かしていきます。子どもの思いや気持ちが話し合われ（保育者に取り上げられ），遊びや活動に活かされていくと，自分たちで考えて行動するようになり，自然と"自分たちでつくっているのだ"と感じられるような主体的な活動となっていきます。子どもたちがつくり出していくものには，固定観念がなくて恐れるものがないために大人の価値観では考えられない思いやアイディアにあふれ，そしてエネルギーが満ちています。大人の価値観だけで上からの目線でみていると，子どもらしく大胆な表現が理解しにくかったり，また，完成度が低くみえたり，頼りなくもみえるものです。しかし，このような素朴で大胆な子どもの表現を大切に認めていく保育のなかにこそ，インクルーシブ保育のすばらしさがあるのです。

　○誰でも参加できる活動とするために
　クラス活動には，仲間で1つの物事をつくり出す年長児の活動や，楽しかった経験を仲間と描いたり歌ったりして表現する，などがあります。

どのような活動であれ，表現方法や楽しみ方，完成度，そして共同作業における"共同"の意味合いは，子どもの状態によりさまざまであってよいのです。そのために保育者は，つくって遊ぶための素材や材料をさまざまな子どもを想定して準備しなくてはなりません。ハサミを使えない子，粘土などで手が汚れることを必要以上に嫌う子，細かな作業が難しい子，形や素材にこだわりをもつ子など，柔軟に対応してどのような子でも楽しめるように考えていきます。また，目的や完成をイメージできないような子の場合でも，仲間とともにその場の空気を心地よく感じることが大切です。ですから，子どもの状態によっては，活動内容とはまったく違う，その子の興味あるもので過ごすような場合も出てきます。その時点では，同じ活動をともに楽しめなくても，仲間との場の共有を繰り返して仲間との小さな接点を大切にしていくと，1年，2年という時間をかけて，その子なりにともに楽しむ姿がみえてくるようになります。このようなことも時間をかけて一人ひとりの子どもが活かされた保育がつくられるために必要になってきます。

○ "違い" を前提とした保育

　子どもにさまざまな違いがあることが，生活や遊びをとおして，少しずつ実感していくときに，保育者は子どもにより違う表現方法などを隠すことなく自然に扱います。たとえば，子どもの制作物が"くしゃくしゃ"で形にならないようなものであったとしても，その子らしく楽しんで表現されたものであれば，「このお芋，大きかったんだよね。こうやって丸めると，本物のお芋みたいだね。よく考えたね」などと声をかけます。子どもたちにはさまざまな表現の仕方があり，個性があることを，まず保育者が受けとめていくことができるように，事前に保育者同士が話し合って確認をしていきます。

　違いをできるだけ目立たないようにするのではなく，違うところを感じて大切にすることがインクルーシブ保育であると思います。そのために，それぞれの子どもたちに対して違ったかかわり方を検討し，その子に合っ

たかかわりをしていくことを大切にしていきます。「その子にだけ行うのは難しい」とか「まわりの子どもたちに申し訳ない」「その子だけ特別なのはよくない」と考えるのではなく，すべての子どもにみんな違った活動内容や役割，居場所など必要なものを必要なときに準備して提案していきます。一人ひとりの子どもとの気持ちのやりとりをとおしたかかわりは，"みんなに違いがあり，さまざまな表現の方法があることはすばらしいのだよ"という，大好きな先生からのメッセージとなるのです。

　その子に合った感じ方や方法を大切にしていると，結果的にクラス全員が同じような作品を並べたり，決められたものを決められたとおりに表現するような保育ではなく，さまざまな表現方法が試され，個性が活かされた作品展や発表会がつくられていきます。

2節　保育者間の連携と協力

◆ めざす思いを1つにする
○保育者間でめざすところをはっきりともつ

　保育を進めるうえで大切なことは，どのようなクラスづくりをめざすのか，また"この子"には1カ月後，半年後，1年後，あるいは次の運動会や発表会ではどのような姿を望んでいくのか，という園やクラスとしての姿を描いて保育者間で共有していくことです。めざすところがはっきりとしていると，保育者によって保育の方法が多少違っていても，大きな問題になるようなことが起こりにくく，理解し合えるようになります。逆に，めざすところがはっきりとしていない場合，子どもに対して保育者が伝えなければならない約束事にも違いが現れ，子どもが混乱してしまうことにもなります。また，保育者同士の関係もぎこちなくなり，とくにさまざまな子どもと過ごす柔軟性が必要となる保育においては難しさが出てきます。これらの保育者間の共有する"ねらい"はまず，幼稚園や保育所としての柱となるような方針やねらい，考え方がはっきりとあり，保育者たち

に浸透していなければなりません。保育者全員がその園の"方針"に賛同し、つねに苦しんで模索しながらも、そこに向かっていこうとする保育者集団となることをめざしていくのです。

〇感じたことを伝え合う関係

クラスの複数担任や補助の保育者、そしてフリーの立場でクラスの保育に参加するような担当者など、立場は違うが同じ子どもの前に立つ者として、先輩・後輩の上下関係があったとしても、子どもの様子から感じたことを何でも言える・聞いてもらえる関係が重要です。保育の経験年数が少ない保育者ですと、子どもの気持ちの変化など感じる余裕がなく、一見間違った発言や対応に聞こえることもあるかもしれません。簡単に否定するのではなく、若いからこそ感じられるところをたんねんに聞き出していくことが先輩としての役割です。こうした繰り返しが、子どもの思いを感じとろうとする保育者へと成長し、さまざまな子どもへのかかわり方のいくつもの方法を身につけていくのではないでしょうか。

このように、何気ない保育者同士のやりとりの繰り返しがお互いの性格や保育の進め方の違いを感じながらも、少しずつ理解し合い、息を合わせていくことにつながります。そうなってくると、保育中に突然起こる予期せぬ子どもの行動に対してスムーズに対応できたり、保育者の役割を交代して、ある子どもに集中してかかわるなど、さまざまな保育のかたちをつくり出していくことも可能となってきます。私たち保育者も子どもたちと同じで、当然違いがあり、個性があるからこそ、保育に幅が出てきて深みのあるものになっていくことを感じなければなりません。しかし、このためには、やはり園としての大きな方向性と考え方が明確に保育者全員に伝わって理解されていることが前提となります。

◆ 1日を終えて自分自身を振り返る

〇さまざまな視点から感じ学んでいく

保育をしていくなかで避けなければならないことは、1人の保育者の見

方だけで，ちょっとした子どもの行動や障がいの診断名などからその子のことを「こういう子なんだよね」などと決めてかかり，子どもの気持ちや思いを丁寧に受けとめていこうとすることがおろそかになっていくことです。理想をいえば，2人以上のクラスの保育者が子どもから感じたことを保育後に振り返り，行動の様子からみえてきたことなどを話して記録していきます。今一番気にかけないといけない子どもを，さまざまな立場や経験の違う保育者たちのいくつもの視点からとらえていくほうが，より幅広く柔軟にその子を理解していくことになります。また，ほかの保育者が感じていることを知ると，自身の保育の幅を広げていくことができます。子どものことばの裏側にある本心や表に出すことのできない気持ちなどを察し，その子を理解するためにも，自身の行動や言動を反省して次につなげていくことができるのです。

　○保育者の持ち味を発揮すること

　とくに，保育経験の長い先輩の保育者は，保育経験の短い保育者の語る子どもの様子やそこから感じたことを，よく聞くようにして相手を知るように心がけます。ともに子どもに対する思いを共有していく者がどのように行動して何を感じるのか，そしてその保育者らしさを感じていきます。私たち保育者は，子どもを自発的・主体的に生活させようと考えますが，そのためには，保育者自身が自発的・主体的に仕事をつくり出していくようでなければなりません。楽しんで子どもたちとかかわって意欲的に生活していく姿は，子どもたちの手本となります。時間はかかるかもしれませんが，それぞれの保育者がもっている得意な分野が保育に活かされるような配慮をしていきます。たとえば，歌うこと，楽器を弾くこと，踊ること，つくること，描くこと，体を動かすことなど，その保育者らしくいきいきと子どもの前で輝いていることができるような保育場面がつくられていくことは，さまざまな子どもたちにとっても，決まりきった保育の繰り返しにとどまることのない柔軟な発想を生み出すことにつながっていきます。

6章 ◆ インクルーシブ保育を深めるために

◉ 保護者の思いを受け取って共有する

　幼稚園や保育所には，保護者からのさまざまな相談事や要望などが多く寄せられてきます。批判的な内容のものから，保育者からすると小さなことと思えるようなことまで，内容はさまざまです。しかし，どのように感じる内容でも，また誰がその話を受けたとしても，保育者間で伝え合ってその内容を正確に共有していかなければなりません。話を受けた1人の保育者にとっては大した話の内容ではなくても，その保護者やほかの保育者にとっては大切にしたい問題であることもあります。そのことにかかわる保育者たちで報告し合い，今後の対策を検討し，必要であれば学年や園全体の保育者，責任者にも報告をします。そして，保護者に対しては，子どもの様子をある期間観察してかかわってみた様子などを報告していきます。園として当然のことのようですが，本当に小さなことでも，ちょっとしたタイミングで保護者から気軽に話すことができるような雰囲気をつくっていくことを心がけていくことが大切です。また，保育者間で問題を共有して保護者に寄り添っていく姿勢は，何気ない子どもの気持ちや変化に対して敏感に感じることのできる保育者集団となり，保護者との信頼関係も強いものとなり，理解や協力を求めやすくもなっていきます。

◉ 園全体でのコミュニケーション

　さまざまな子どもたちとともに保育を展開していくときに，いざとなったら園全体で協力していくことができるように，風通しのよいコミュニケーションが必要となってきます。
　たとえば，クラス担任1人がほかの保育者から情報を得られず，ある子どもがどこで何をしているのかを把握することができなくなります。そして最後には，その子を部屋から出さないようにする事態になってしまうこともあります。ある時間をともに過ごしてクラスの仲間と同じ空気を感じてほしいと考え，"場"を共有させようということはありますが，その子がその場にいる意味や楽しみを感じることができないような場合，閉じ

込めているだけの状態にもなりかねません。そうなると，その子はその場にいる意味を見出せず，外に出ようとドアを繰り返し蹴飛ばすなどの意思表示を始め，その行動に対して保育者はイライラとして大きな声でしかったりなだめたりしながらクラスの活動を進めなければならない，というような悪循環となってしまいます。ですから，クラス担任1人で悩んでがんばりすぎるのではなく，複数で，あるいは園全体で計画的に1人の子どもを包み込むように理解し，ともに生活していけるような環境を考えていく必要があります。そのため，クラスという壁を取り払ったような子どもの情報交換がなされ，保育活動の内容など園全体で見通しがよい状態で助け合う体制をつくる必要があります。また，隣のクラスに相談して助けてもらったり，保育を共同で行って補助の先生が状況によりクラス間を移動したりなどして，情報やアイディアをもらえるような環境が大切です。

このように保育者間のコミュニケーションを深めていくことは，日常的な保育の質を豊かなものにしていくことにつながっていきます。

3節 主任，管理者の役割

◆ 状況に合わせた柔軟性のある保育のために
○園としての保育をかたちづくっていく

現在，どこの幼稚園・保育所でも，集団になじめなかったり，コミュニケーションがうまくとれなかったりする子どもたちがいると思います。しかし，前にも述べたように，障がいがある・ないを問題にすることは，保育を考えていくうえであまり意味がありません。子どもたち自身が仲間との生活においてどのような困難さを感じて苦しんでいるのかが問題なのです。そして，その難しさを感じてうまく拾い上げていくことができないと，問題行動だけが目立ち，"手がつけられない子どもである"というような意識だけが一人歩きしていくことにもなりかねません。どのような保育をしている園であったとしても，その幼稚園に合った方法で，"みんなが と

もに楽しむ保育"を考えていかなければならないのです。これは，担任が1人で悩んで考えていくべきことではなく，園が保育者と保護者とともにアイディアを出して模索していくべき内容です。なかには，園が判断して道筋をつくっていかなければならない大きな問題や環境の整備などもあるからです。表面的にみえる部分だけを繕うよりは，数年先を考えてそのとき大切にしなければならないことを，園の問題として全体でとらえていかなければなりません。数年という期間で，園として考えて挑戦していくことができてくると，クラスの編成や形態，保育者の配置など，また新たな計画が必要になることも出てくるのです。

○複数担任制の意図すること

長い期間をかけて"ともに楽しむ保育"を実践していくときに必要になることは，クラスの2人以上の担任が「クラス活動全体を進める人」「その意図を汲み取り補助していく人」といった役割を固定することなく，状況により柔軟に入れ替わり，そのクラスの複数の担当者がすべての子どもとかかわってよい関係をつくっていくことができる複数担任制です。

クラスの仲間が認め合って子どもたちが1つにまとまるためには，クラスの担任たちがよく話し合い，考え方や思いを共有していくことが必要不可欠です。主担任（クラス活動全体を進める役割）が今何を大事にして保育をしているのか，そのために補助役（主担任の意図を理解して補助する役割）の副担任は子どもに対してどのような援助をしていくべきかを大切にしなければなりません。保育者間で子どもに対する接し方が統一されていないと，クラスの"子ども同士が認め合う一体感"がつくられていかなくなるのです。ここでいう複数担任制とは，担任と補助役という関係だけではなく，みんなが認め合うクラスとなるために考えて協力するということです。

○自由保育の質の向上

柔軟に保育を展開するためには，一般的に自由保育といわれる時間帯の内容を検討していくことです。この"自由遊び"の解釈はさまざまですが，

少なくとも幼稚園や保育所において自由遊びとは，保育者が子どもたちのなかに身を置いて子どもの遊ぶ様子から何かを感じとり，遊びの環境を子どもとつくり出していく保育です。子どもとともにわくわくするような気持ちでアイディアを提案したり，友だちと一緒に遊ぶことを躊躇しているような子どもがいれば，ただ一緒に遊ばせようと声をかけるだけではなく，その気持ちを探りながら子どもの目線に立って見守り，"子どもの思い"が見えるように心がけます。とくに障がいがあって気持ちやことばをうまく表すことのできない子どもたちについては，このような時間を上手に使って短時間であっても丁寧に個別的にかかわり，気持ちを受けとめていく保育が重要となります。子どもの声を聞いてじっくりとかかわる時間，先生や仲間とかかわりながら人との関係を学んでいく時間，子ども同士の関係や行動を見守る時間，その子らしく自由な発想でものごとをつくり出していく時間，保育者や仲間に認められていく時間として，かかわりをとおした"自由保育"の質を園として高めていくことが必要です。子どもの状態や様子により個別的なかかわりも含めて柔軟に対応できる，この"自由保育"の可能性を探っていくことは，今後のインクルーシブ保育を展開していくうえで重要な鍵となってくると思われます。

◆ 1 人と向き合うことは，保育を深めていくこと
○障がいのある子どもを目の前にして

　幼稚園や保育所の保育者は，障がい児教育を専門に学んでいないことが一般的で，「専門的な知識をもたずに，どのように保育していくのでしょうか」などと聞かれることがあります。

　まず保育者という立場で考えるべきことは，どのような障がいがある子どもであれ，その子なりに感じ考え，仲間とのかかわりを求めている 1 人の子どもであるということを前提として向き合うこと，そして，その子のもつ難しさも含めて"愛おしさ"を感じられるような関係をつくっていくことが大切です。これは，すべての子どもたちとの関係において必要で

あり，何気ない日常生活のなかで自然と積み上げられていくべきものであると思います。そのためには，まわりの仲間や保護者も含めた"保育"という専門性を追及していく保育者集団となっていくことが必要ではないでしょうか。

　思いを感じとることの難しい子どもたちとのかかわりをとおして，私たち保育者は，"保育"というものをあらためて考えさせられているようにも感じるのです。

○外部の研究者や専門家との連携で考える

　障がいのある子どもを目の前に"保育者としての視点"が必要であるといいながらも，理解しにくい子どもの行動や特性を知って子どもを理解していくことも大切です。そのためには保育者たちの力だけではなく，大学の先生や療育の専門家と連携していくことも1つの方法です。しかし，ここで重要なことは，大学の先生や療育の専門家に，ある場面の問題行動への対処方法を教えてもらうということで終わるのではなく，その子の成長を見据えて今何をすべきかを一緒に考えていきます。そして，その幼稚園や保育所の保育の進め方や積み上げてきた歴史や文化を活かし，その園なりにどのような保育ができるかを時間をかけてともに考えてつくり出していくことが必要です。時には，外部の先生方にも定期的に保育に参加していただき，子どもと実際にかかわったうえで保育者と意見交換をし，その園の保育を知ってもらわなければなりません。集団のなかで育ち合うことを専門とする幼稚園・保育所と，"療育"という専門をもつ先生とが同じ子どもにかかわって違う立場や視点で感じ，意見し，話し合っていくのです。このことで，お互いが学び合って成長できるような場となることが，保育の現場には必要であると考えます。

◆ 家庭を支援する

○不安定な母親を支える

　幼稚園や保育所の役割は，子どもの成長や変化をとおして母親のいきい

きとした日常生活を支えることも1つです。母親によっては，自分の子どもの現状を客観的にとらえることが難しく，不安をかかえてコミュニケーションを避けるような場合もよくあります。このような場合，担任のほかに園としても1年，2年と時間をかけてコミュニケーションを積み上げて信頼関係をつくっていく必要があります。「障がいがあることを理解してもらおう」ということではなく，"その子らしいよい部分"をとらえていくことができるように子どもの成長をともにみていきます。家庭でも，できるようにがんばらせるばかりではなく，子どものよい部分を見つけて伸ばしていくように考えていきます。とくに生活習慣が少しずつ整って安定してくるようになることが最初です。訓練するように繰り返すのではなく，その子どもに合った方法で母親の気持ちが伝わるような繰り返しを大切にしていきます。子どもはバランスよく成長していきますから，生活習慣だけに力を入れすぎることなく，園で体と心を十分に使った活動を行うことと並行してみていくことです。園としても家庭での様子や変化も定期的に聞いてともに考えていくこと，そして保護者の考えていることを聞いて保育に活かすことを大切にします。子どもの生活が安定して満足できるものになってくると，自然と大人どうしのかかわりが豊かになり，理解と協力のある関係をもてるようになります。

　○事故やけがについて

　幼稚園や保育所が，障がいのある子どもを，責任をもって預かることは大変なことのようにも感じますが，障がいのある子どもであったとしても園で多くの経験をしていかなければなりません。とはいえ，一般的には特別に難しいことが要求されるわけではありません。必要となるのは，保護者との入園前のあらゆる確認ごとと入園後の継続したコミュニケーションであり，安全のための対策や作戦を立て，園としてできることと現在ではできないことを明確に伝えて理解を得ることです。このことは，担任とともに園長や責任のとれる主任の先生が行う必要があります。1人の担任の思いとして話し合うのではなく，園全体で確認したことを園として判断

して伝え，保護者に対して伝わることが重要です。そして，保護者もただ思いを伝えるのではなく，園の事情を理解し，時には手伝いをして園をサポートしていくぐらいの気持ちで入園する覚悟をもってもらうのです。年間の行事や活動を見通して，早めに保護者に伝えたり相談していき，突然の一方的なお願いや報告とならないような段取りが重要となります。

　また，特別な発作やてんかんなどにより事故などが考えられる場合，その発作やてんかんが具体的にどのようなものであるのか，保育中にその状態を見極められるのかなどを，入園前に保護者と確認していき，入園が決まれば，発作等が起きた場合の手順やマニュアルを保護者と作成し，ことあるごとに確認していきます。こういったことは，学年が上がってクラスが変わったとしても，保護者との話し合いを引き継いでいかなければなりませんし，園全体の保育者が知り，対処できるようにしておかなければならないものも出てきます。

　これらのことは，守ることだけに大げさに対処するということではなく，けがの可能性についても想定し，「けがはたくさん経験して，生活していく力をつけていくことが大切である」と保護者会などでも話し伝えます。また，小さなけがでも報告するよう心がけ，何でも話ができるように，保護者との強い信頼関係をつくっていくことが重要なポイントとなります。

◆ 補助金をもらう際の問題点

　障がいのある子どもたちとの保育には，人員をはじめとして細やかな環境の準備などが必要となるため，公的な補助金を受けて準備していくことも1つの方法ですが，そのために教職員とともに考えておかなければならないことも出てきます。

○保護者とのコミュニケーション

　市区町村などから補助金を受けるときに障がい者手帳の写しや医師の診断書などが必要となりますが（東京都の場合），幼児期に明確にすることの難しい軽度発達障がい等で保護者が手帳を申請していない場合や，明らか

に特別な配慮が必要と感じられるが，子どもの発達にとくに異常を感じていない家族の場合には，慎重に話を進めていく必要があります。時間をかけてゆっくりと，話を聞き，園の考え方や保育の方法を少しずつ話していきます。そして，園としてその子どもに対して"こんな保育"をしていきたいということを話し，手伝っていただくことやお願いすること，そして園として対応できないこともしっかりと伝えていきます。その場合，なぜできないのか，できないのであればどのような対応をとるのか，ということも説明していくことが大切です。

　補助金を申請する場合，このような話をお互いに了解を得て進めていくことが必要となってきます。園側も真剣に考えていくのですから，保護者側にも補助金のことも含めて，責任をもって園を選ぶこと，そして子どもの現状から逃げることなく向き合う気持ちをもっていただく必要があるのです。

　○無意識のうちにつくられる"壁"

　障がいのある子どもの保育のために出される補助金を園が受けようと考える場合，園として注意しなければならないことは，補助金を受ける子どもを無意識のうちに，マイナスの意味で特別視していくことです。何年も続けていくと，保育者間では「補助金をもらっている障がいのある子どもであるから」というように，そのような数人の子どもたちを，仕事の都合上，まとめるかのように"障がい児"や特別な名称で呼ぶようになることもあります。また保育中，安全や配慮のためであるとは思いますが，多くの子どもたちのなかでもはっきりと見分けられるように印を付けるようなことにもなりかねません。毎年そのようなことを繰り返し行ってくと，保育者の感覚が麻痺していき，"障がい児"ということばを無神経に使っていたり，「病気であるから伝わらない子」などという雰囲気を，クラスの子どもたちのなかに浸透させていくことにもなるため，保育者の態度や行動に注意が必要です。

○担当者を立てることの問題点

　補助金を受けることになった場合，その補助金を使ってその子のための介助者や補助教員を置くことが多いと思います。しかし，そのことによってクラス担任が"担当者"がついてくれたという感覚になると，クラスの運営に流されてその子とかかわる機会が失われ，その子を意識しなくなっていくケースも出てきます。その子1人のために担当者がつき，補助がなされていくと，担任がその子に配慮した遊びや活動を考えようとしなくなり，目を配らなくてもすむ状態になる場合も出てきます。クラスの子どもたちとの接点が減り，お客さんのように参加することにもなりかねません。

　クラスに補助として担当者が来た場合，ある1人の子どもの担当者というのではなく，障がいのある子どもをまわりの子どもたちが受け入れ，その子らしい表現を認め合うようなクラスとなっていくための"クラスの複数担任"となるべきです。そのようになると，時には担任が補助的な役割にまわって保育を行い，違った角度から感じることができるようになります。担当者が固定してその子だけについて回ることは，まわりの子どもたちに「悪い行動をさせないための先生がついている」というふうに映ってしまったり，担当者だけがかかえ込んだりするようなことは，避けなければなりません。

　子どもたちの"お世話をしてあげる"という感覚から同じクラスの"仲間である"という感覚になるまでには，保育者も子どもたちも，そして保護者も，そのために障がいとなる"壁"を，時間をかけて一つひとつ取り除いていく必要があるのです。

◆ 医療機関，小学校との連携

　インクルーシブ保育を考えていくときに，幼稚園や保育所単体でがんばっていても限界があります。できるならば，その1人の子どもにかかわる多くの療育や医療，地域などとつながり理解して助け合っていくこと

が必要です。1人の子どもを多方面からさまざまな視点でとらえていくほうがよくみえてくるのですが，現状は書面などによる情報交換が一般的であるようです。今後，保育機関を含むいくつかの専門機関が連携して協力していくことが望ましいと考えられますが，そのためには，お互いの施設の活動内容等の理解や信頼関係づくりが必要であると感じます。それには，関係機関を訪問するような機会をつくって少しずつ相手を知り，幼稚園・保育所との違いを感じて理解していくことが重要であると思います。

また，小学校の特別支援学級や特別支援学校も同じで今後，現場の先生同士の交流や情報交換など，子どもの生活に活かすことのできる連携を探らなければなりません。とくに私立と公立の立場の違いによる難しさがあり，スムーズに進まない問題も多くありますが，役所や教育委員会との連携を大切にして今後につなげていくことが必要です。

このインクルーシブ保育についての将来的な目的は，助け合う社会をめざすわけですから，地域や他機関等との連携は避けられません。自園に今できる小さなつながりを毎年積み上げていき，今後の子どもたちが理解され，自分らしく自信をもって生活できる社会につなげていかなければなりません。

◯ 卒園してからの幼稚園，保育所の役割

幼稚園・保育所にとって，卒園してからの子どもやその親とのつながりは大切にしたいことの1つです。卒園後も幼稚園・保育所が支えられることとして，1つは卒園した子どもたちも遊びにいく場所や仲間がいつもいて安心できる場所として，もう1つは気軽に保護者が相談に来て，小学校での生活の様子や学習の参加具合などを話すことのできる場となることです。それぞれの幼稚園・保育所のさまざまな活動などを活かして，卒園児が当時の仲間と楽しむ場所として考えられ，将来的には園の活動をサポートしたり，小さな子どもたちとかかわってもらうような働きの場などがつくられていくと，学校以外の仲間との1つの場ともなっていくので

6章 ◆ インクルーシブ保育を深めるために

はないでしょうか。
　また，保護者の方々との卒園後のつながりは，その後の子どもたちの情報や状態を知り，子どもたちの将来像を描くためにも大きく役立ちます。小学校・中学校などで起こる友だちとの関係や生活をとおした難しさなどを聞きながら，今園に通う子どもたちにとって何を大切に考えなければならないのかもみえてくるからです。

◆ さいごに

　乳幼児の集団生活については，運動能力のとびぬけた子でも，ゆっくりと表現する子であっても，仲間と楽しむことのできる環境をつくっていくことが，保育者の大切な役割であると思います。時に，ゆったりとしたペースに合わせてクラスの活動を行うことは，「もっと何かを吸収したい」「もっと楽しみたい」という子どもたちを犠牲にするものではありません。子どもの世界にも，さまざまな気持ち，状況，立場など，違いがあります。そこに真摯に目を向け，考え，かかわっていくことが，将来，広い世界で多くの人と出会い，生きていくための大切な"学び"ではないかと考えます。このように，私たち保育者は，子どもたちに対する大きな責任と役割をもっていることを肝に銘じて，毎日の保育を子どもたちとつくっていきたいと思うのです。

あとがき

　園庭に砂が舞っています。風のせいでしょうか。いえ，どうも障がいのある「あの子」が，砂場の砂を勢いよく放り投げているようです。ニコニコしています。ほかの子があわてて砂をよけています。先生がほほえみながら近づき，その子に何か話しかけました。

　障がいのある子，あるいは支援のいる子や気になる子は，時にびっくりするようなことや困ったことをします。砂のまき散らしも，ほかの子にとっては迷惑で困った行いに映ります。そして，「困った子が困ったことをしている」と保育者もその子のことをみれば，その「困った」行いをきっとやめさせようとするにちがいありません。

　しかし，幼稚園や保育所にとって，そもそも「困ること」とは何でしょうか。また，砂を放り上げる「困った」子のよくない行いは，すぐにやめさせるべきことなのか，考えてみてもよさそうです。どんな気持ちでその子はそうしているのか，どのように砂を放り上げて喜んでいるのか，どんな遊びならほかの子とも遊べるか，誰とだったら一緒に遊べるかなど，この場面から考えるべき保育の視点がいくつもあります。その子のその行いから，園の保育を見直し，よい保育へのきっかけとなるなら，それはどの子にとってもよりよい保育をつくり出す好機になりそうです。いや，なるはずです。

　本書は，どの幼稚園・保育所にもいる障がいのある子も，そして障がいのない子も，ともにいて充実する保育——インクルーシブ保育の考え方と実際について述べた本です。「インクルーシブ保育」を正面から取り上げた，まだ類書も少ないなかでの本です。どの園にも当たり前のように障がいのある子がいて，そしてどの子も充実する保育を追求するならば，前述のちょっと困ったとみえることも，すぐにやめさせるべき問題にはなりません。その子がいることを前提に，よりよい保育をめざしていく契機にも

◆ あとがき ◆

なります。そのためには，その子にとっての意味や理由を考え，その子を含む保育のあり方を見直す発想と意欲が大切になります。

　本書は，障がいのある子を保育してきた葛飾こどもの園幼稚園のインクルーシブ保育への長年の取り組み，そして現在までの道のりを軸に，障がいがある子たちも含んでよりよい保育へのあり方をまとめた本です。編者の小山と太田は，長らく同園にかかわり，同園と互いに保育への考えと思い，方法について意見を交わし合って来ました。歩んだ道のりは，結果として，わが国の障がいのある子へのアプローチの歴史と重なります。障がいの改善に熱心だった時期を経て，障がいはあっても保育での個々の重みには変わりないと考える今日への変遷があります。

　小山，太田のほかに，野口幸弘氏（西南学院大学），大塚玲氏（静岡大学），熊谷恵子氏（筑波大学），若松昭彦氏（広島大学），ほかの障がいの専門家の出入りがあった本園だけに，諸氏と高めたその道のりの意義もことのほか大きいものに思えてなりません。

　保育は進み，次の段階のインクルーシブ保育をめざす歩みが続けられますが，分け隔てなくどの子の園生活も充実する保育を追求する点において，今後も本園と関係者の変わりない進展が続くものと思います。その意味で，本書は，今日の到達点を示すものですが，今後への越えるべき課題を示すものでもあります。

　同じく子どもを前に，喜び，悩み，感動する読者の皆さまの率直な声をお寄せいただき，ともにどの子も充実する子どもたちの保育をめざしていただければ編者一同には望外の喜びです。保育について考えさせてくれ，進展を生む原動力となった子どもたちと多くの関係者に感謝します。

2013 年春
編者を代表して　太田俊己

参考文献

堀　智晴・橋本好一　2010　障害児保育の理論と実践――インクルーシブ保育の実現に向けて　ミネルヴァ書房

野本茂夫（監修）　柴田　俊・若月　芳浩（編集）　2005　障害児保育入門――どの子にもうれしい保育をめざして　ミネルヴァ書房

加藤惟一・太田俊己・加藤純子　2009　コーナー活動の意義方法を省みるⅠ　当幼稚園の50年の試みから　日本保育学会第62回大会発表論文集，700

河合高鋭・小山　望　2011　インクルーシブ保育における保育者の意識に関する研究（2）　日本人間関係学会第19回大会発表論文集　pp.10-11．

太田俊己・加藤純子　2008　インクルーシブ保育が特別支援教育に提起するもの――障害のある子を含む小集団活動をもとに　日本保育学会第61回大会発表論文集，199

太田俊己・木下勝世・若月芳浩・小山　望・野本茂夫・加藤和成・滝坂信一　2009　障害のあるこどもへの統合保育，特別支援教育を問う　日本保育学会第62回準備委員会企画シンポジウム　第62回発表論文集　pp.40-41．

小山　望　2003　自閉的な幼児と健常幼児の社会的相互作用の形成　人間関係学研究．10　pp.11-23．

小山　望・鶴巻直子・加藤和成　2009　インクルーシブ保育に関する研究その（1）　日本保育学会第62回大会発表論文集，204

小山　望・鶴巻直子・加藤満喜人・加藤和成　2010　インクルーシブ保育に関する研究その（3）　日本保育学会第63回大会発表論文集，228

小山　望・鶴巻直子・加藤和成　2011　インクルーシブ保育に関する研究その（4）　日本保育学会第64回大会発表論文集，120

小山　望　2011　インクルーシブ保育における自閉的な幼児と健常児との社会的相互作用についての一考察　人間関係学研究．17（2）　pp.13-28．

小山　望・河合高鋭　2011　インクルーシブ保育における保育者の意識（1）　日本人間関係学会第19回大会発表論文集　pp.8-9．

渡部信一　2001　障害児は「現場（フィールド）」で学ぶ――自閉症児のケースで考える　新曜社

津守　真　1987　子どもの世界をどうみるか――行為とその意味　日本放送出版協会

編者紹介

小山　望（おやま・のぞみ）

　青山学院大学文学部卒（心理学専攻），青山学院大学大学院文学研究科修士課程心理学専攻，筑波大学大学院心身障害学研究科博士課程修了。
　こどもの城保育研究開発部コーディネーター，埼玉県立衛生短期大学助教授，東京理科大学助教授，教授を経て，現在，埼玉学園大学大学院心理学研究科教授。
　主著：『わかりやすい臨床心理学入門』（福村出版，2009）など多数。

太田俊己（おおた・としき）

　筑波大学大学院教育研究科障害児教育専攻修了。修士（教育学）。
　筑波大学大学院心身障害学研究科博士課程中途退学。
　国立特殊教育総合研究所（現在，独立行政法人特別支援教育総合研究所）研究員，研究室長，千葉大学教育学部助教授，教授，附属養護学校校長（兼務），植草学園大学発達教育学部発達支援教育学科教授を経て，現在，関東学院大学教育学部こども発達学科教授。
　主著：『新訂 知的障害教育総論』（放送大学教育振興会，2015）など。

加藤和成（かとう・かずなり）

　大阪芸術大学金属工芸学科卒業。
　1988年より学校法人希望学園葛飾こどもの園幼稚園にて，保育に携わりながら幼稚園教諭免許を取得。12年間，障がいのある子どもたちにかかわり，クラスを担当。2000年に園長に就任。
　現在，動物と共存していく環境や，ものごとをつくり出す遊びの環境を子どもたちの姿から学び，ともにつくっていくことを日常としている。

河合高鋭（かわい・たかとし）

　横浜国立大学大学院教育学研究科修士課程修了。修士（教育学）。
　社会福祉法人青い鳥横浜市中部地域療育センター指導員。
　白梅学園大学・白梅学園短期大学実習指導センター助教，和泉短期大学児童福祉学科専任講師を経て，現在，鶴見大学短期大学部保育科講師。
　主著：『特別支援教育 ソーシャルスキル実践集』（明治図書，2009）

編 者

小山　望（おやま のぞみ）　埼玉学園大学大学院心理学研究科教授
太田　俊己（おおた としき）　関東学院大学教育学部こども発達学科教授
加藤　和成（かとう かずなり）　学校法人希望学園葛飾こどもの園幼稚園園長
河合　高鋭（かわい たかとし）　鶴見大学短期大学部保育科講師

執筆者〈執筆順，（　）内は執筆担当箇所〉

小山　望（おやま のぞみ）　（1章4〜7節，2章事例1・5，3章事例1〜3）編者
太田　俊己（おおた としき）　（1章1〜3節，2章事例2・6，3章事例4〜6，4章）編者
河合　高鋭（かわい たかとし）　（1章1〜3節，2章事例3・4，3章事例7〜9）編者
小林　さゆり（こばやし さゆり）　（2章事例1，3章）学校法人希望学園葛飾こどもの園幼稚園教諭
加藤　美世子（かとう みよこ）　（2章事例2，3章）学校法人希望学園葛飾こどもの園幼稚園教諭
安東　善子（あんどう よしこ）　（2章事例3，3章）学校法人希望学園葛飾こどもの園幼稚園教諭
小出　馨（こいで かおり）　（2章事例4，3章）学校法人希望学園葛飾こどもの園幼稚園教諭
鶴巻　直子（つるまき なおこ）　（2章事例5・6，3章）学校法人希望学園葛飾こどもの園幼稚園教諭
宮本　真吾（みやもと しんご）　（3章）学校法人希望学園葛飾こどもの園幼稚園教諭
加藤　惟一（かとう ただいち）　（4章）学校法人希望学園葛飾こどもの園幼稚園教諭
加藤　純子（かとう じゅんこ）　（5章）学校法人希望学園葛飾こどもの園幼稚園教諭
加藤　和成（かとう かずなり）　（5・6章）編者
三村　千加枝（みむら ちかえ）　（5章レポート）

写真協力
葛飾こどもの園幼稚園

インクルーシブ保育っていいね
――一人ひとりが大切にされる保育をめざして

2013年4月5日　　初版第1刷発行
2017年1月15日　　　　第3刷発行

編著者　　小山　望・太田　俊己・加藤　和成・河合　高鋭
発行者　　石井　昭男
発行所　　福村出版株式会社
〒113-0034　東京都文京区湯島2-14-11
電話　03-5812-9702　FAX　03-5812-9705
http://www.fukumura.co.jp

印刷　　株式会社スキルプリネット
製本　　協栄製本株式会社

© N. Oyama, T. Ohta, K. Kato, T. Kawai　2013
Printed in Japan
ISBN978-4-571-12121-0
乱丁本・落丁本はお取替え致します。
定価はカバーに表示してあります。

福村出版◆好評図書

石井正子 著
**障害のある子どもの
インクルージョンと保育システム**
◎4,000円　ISBN978-4-571-12120-3　C3037

「障害のある子ども」のいる保育の場面で求められる専門性とは何か。「かかわり」という視点からの問題提起。

橋本創一 他 編著
**知的・発達障害のある子のための
「インクルーシブ保育」実践プログラム**
● 遊び活動から就学移行・療育支援まで
◎2,400円　ISBN978-4-571-12119-7　C3037

すぐに活用できる知的・発達障害児の保育事例集。集団保育から小学校の入学準備，療育支援まで扱っている。

太田俊己 監修／日本特殊教育学会北海道自主シンポジウムグループ 編著
**発達障害児らの
今と明日のハッピーを支える**
◎2,500円　ISBN978-4-571-12113-5　C3037

特別支援教育の関係者たちが「個に応じた教育実践」を追求し，議論し続けた学会シンポジウムでの11年の実践報告。

小川英彦 編著
気になる子どもと親への保育支援
● 発達障害児に寄り添い心をかよわせて
◎2,300円　ISBN978-4-571-12116-6　C1037

保育者たちによる実践報告と親からのQ＆Aを多数掲載。発達障害児保育に悩む保育者と親のための1冊。

徳田克己・田熊立・水野智美 編著
気になる子どもの保育ガイドブック
● はじめて発達障害のある子どもを担当する保育者のために
◎1,900円　ISBN978-4-571-12110-4　C1037

気になる子どもの入園前～就学援助に至る保育と保護者支援を園内外との連携も含め具体的にわかりやすく解説。

水野智美・徳田克己 編著
保育者が自信をもって実践するための
気になる子どもの運動会・発表会の進め方
◎1,700円　ISBN978-4-571-11600-1　C1337

園行事に気になる子どもを参加させる際のポイントを，成功例・失敗例をまじえてわかりやすく具体的に解説。

西館有沙・徳田克己 著
保育者が自信をもって実践するための
困った保護者への対応ガイドブック
◎1,700円　ISBN978-4-571-11601-8　C1337

相談事例に基づき，保育者が保護者と良好な関係を築くために必要なノウハウを具体的にわかりやすく解説。

◎価格は本体価格です。